초등학생 학부모를 위한

말 잘하는 아이,
글 잘 쓰는 아이

초등학생 학부모를 위한

말 잘하는 아이,
글 잘 쓰는 아이

· 백승권 지음 ·

북루덴스

오늘도 스마트폰과 싸우는
부모님들에게

읽기, 말하기, 쓰기의 중요성은 새삼 언급할 필요가 없겠죠. 읽기는 지식과 정보를 획득하고 이해하는 리터러시 능력과 직결됩니다. 말하기, 쓰기는 지식, 정보, 생각, 느낌을 나눠 다른 사람의 마음을 움직이는 커뮤니케이션의 핵심 요소입니다. 지식정보화 사회인 요즘 디지털 리터러시는 시민권이나 마찬가지입니다. 리터러시와 커뮤니케이션에 능숙한 사람이 좋은 기회를 더 많이 얻고 주도적 삶을 살아갈 가능성이 큽니다.

부모는 아이들이 어릴 때부터 이런 자질을 키워나가길 간절히 바랍니다. 아이들이 책과 친해질 수 있도록 남들이 좋다고 하는 방법을 다 써봅니다. 아이들의 발표력을 키우기 위해 많은 돈을 들여가며 다양한 과외 활동에 참여시킵니다. 그러나 이런 노력은 대체로 스마트폰이라는 암초를 만나면서 기우뚱하거나 앞으로 나아가지 못하고 결국 좌초되고 맙니다.

아이들은 눈뜨자마자, 세수할 때, 밥 먹을 때, 대화할 때, 화장실에 갈 때, 집 안을 다닐 때, 학교에 갈 때, 책상에 앉았을 때, 침대에 누웠을 때, 언제 어디서나 스마트폰에 얼굴을 묻고 넋을 잃어버립니다. 혼자 키득거리고 심각해 하고 놀라워하고 화내고 즐거워하고 슬퍼합니다. 책이나 부모와 마주할 때는 한 번도 보여주지 않았던 다양한 표정들입니다.

부모는 아이의 스마트폰이 읽기, 말하기, 쓰기의 가장 큰 방해물이란 사실을 알아챕니다. 이때부터 아이 스마트폰과의 싸움이 벌어집니다. 스마트폰 사용을 금지하기도 하고, 사용 규칙을 정하기도 하고, 때론 방임하기도 하지만 결국 이 싸움은 매번 부모의 패배로 귀결됩니다. 스마트폰에서 아이들을 떼어내 책으로, 부모의 얼굴로 시선을 옮길 비법을 알아낼 수 있다면, 아마 모든 부모는 기꺼이 메피스토펠레스에게 영혼을 팔아버린 파우스트 박사가 돼도 좋다고 생각할 것입니다.

물론 그런 비법은 없죠. 결코 가능한 일도 아니고요. 그 이유는 너무 자명합니다. 성인인 부모조차 스마트폰에서 자유로워지는 게 불가능한데, 아이들에게 그 어려운 절제를 기대하는 것은 철판에서 새싹이 돋기를 바라는 것과 다르지 않습니다. 스마트폰은 이제 어떤 특정한 목적의 수단이 아니라 전반적인 생활 자체가 됐습니다.

이 책은 이런 딜레마에 빠진 부모와 아이들을 위한 것입니다. 저 역시 두 딸을 키우며 이런 딜레마에 늘 부대꼈습니다. 시행착오에 시행착오를 거듭하다 보니 어느새 두 딸은 성인으로 자라 있었습니다. 그래도 속수무책은 아니었습니다. 두 아이가 성인으로, 시민으로 살아가는 데 필요한 읽기, 말하기, 쓰기의 능력을 챙겨주기 위해 갖은 궁리를 하고 무던히도 애를 썼죠.

이 책은 그런 과정에서 얻어진 실패와 성공의 경험으로 짜여 있습니다. 스마트폰과 승산 없는 싸움을 벌이는 대신 스마트폰과 병행하는 길을 모색했습니다. 두 딸이 스마트폰으로 SNS나 게임, 웹툰, 유튜브 동영상만 보는 것이 아니라 읽기, 말하기, 쓰기의 도구로 활용할 수 있는 방법을 찾았습니다.

이 책은 사실 아이들을 위한 책이지만 부모를 위한 책이기도 합니다. 부모가 읽기, 말하기, 쓰기에 대한 올바른 관점과 방법을 체화하고 있어야 아이의 긍정적인 변화를 기대할 수 있습니다. 읽기, 말하기, 쓰기의 분야로 한정하면 부모 역시 아이처럼 새롭게 배우고 많이 익혀야 합니다.

이 책을 통해 부모가 먼저 변화를 시도하면 좋겠습니다. 부모가 바뀌면 아이들도 바뀝니다. 읽기, 말하기, 쓰기가 막힘없이 강물처럼 흘러가는 세상이 좋은 세상입니다. 부모와 아이들이 함께 좋은 세상을 만들어가는 데 이 책이 작은 물방울이 되길 희망합니다.

2022년 10월

백승권

차례

1장

세상을 살아가는 강력한 무기, 말하기와 글쓰기

1. 왜 우리는 말하기, 글쓰기에 주목하는가?

인류 역사상 지금처럼 말하기와 글쓰기가 주목받은 적은 아마 없었을 것입니다. 이 주목도는 앞으로 더 높아지면 높아졌지 결코 낮아지지 않을 것입니다.

고객 중심 언어에서 시작되는 기업 혁신

몇 년 전, H인테리어 전문 회사 K 대표를 인터뷰한 적이 있습니다. 그는 그룹 계열사 중 다른 회사의 대표를 하다가 인터뷰 6개월 전 H사의 대표를 맡게 됐습니다. 인터뷰는 H사의 미션과 비전을 새롭게 만드는 프로젝트의 일환으로 진행된 것이었죠. K 대표가 H사를 어떤 회사로 만들어가고 싶은지를 알아내는 것은 이 프로젝트의 가장 중요한 출발점을 발견하는 작업이었습니다.

저와 마주한 K 대표는 대뜸 제게 이렇게 물었습니다. "미션과 비전을 새로 만들면 무엇이 바뀌나요?" 저는 적잖이 당황하지 않을 수 없었습니다. 자신이 대표로 있는 회사의 의뢰를 받아 이 프로젝트를 진행하고 있는데, 그 의미와 가치를 저한테 묻다니요! 저는 이런 프로젝트의 성공과 실패 사례를 몇 가지 나열하며 무엇보다 중요한 것은 대표를 비롯한 구성원 전체의 공감대를 만드는 일이라고 답변했습니다.

초반의 긴장과 달리 인터뷰는 아주 생동감 있게 진행됐습니다. 그룹 수뇌부가 인테리어 업계 경험이 전혀 없는 K 대표를 H사로 보낸 이유는 명확했습니다. H사는 주로 대형 건설사와 계약을 맺고 아파트 신축에 들어가는 창호와 장판, 벽지를 공급하는 형태로 사업을 키워왔습니다. 이른바 B2B(Business to Business: 기업과 기업 간 거래) 방식으로 업계 선두를 차지한 업체였지요.

그동안 건설업은 신축 아파트를 계속 짓고 공급하는 방식의 공급자 중심 일변도로 발전해왔습니다. 문제는 아파트 신축 수요가 매년 10퍼센트씩 급감하고 있다는 사실이었습니다. 이런 현상이 지속되면 결국 B2B 시장은 감소하거나 정체될 것이 분명했습니다. 반면 아파트의 상당수가 노후되어 앞으로 재개발이나 리모델링 수요는 계속 늘어날 것이라 기대할 수 있었죠. 직접 소비자를 상대하는 B2C(Business to Consumer : 기업과 소비자 간 거래) 방식이 대세가 될 것이 확실한 상황이었습니다.

H사의 이전 경영진 역시 이런 사실을 모르지 않았습니다. 하지만 B2C 방식으로 전환하기 위한 시도가 몇 차례 좌절되자 안전한 B2B 방식에 안주하고 말았죠. K 대표가 미션과 비전을 새롭게 수립하려고 했던 이유를 짐작할 수 있었습니다. 사업 방식의 전환에 대한 구성원의 공감대를 만들어야 하는데 대표 개인의 언어가 아니라 회사

전체의 언어가 필요했던 것입니다.

K 대표는 사실 답을 갖고 있었습니다. 그가 들려준 일화 속에 그 답이 담겨 있었지요. K 대표는 어떻게 사업 방식의 전환을 이끌어 낼 것인가 고민하면서 H사 매장 몇 군데를 미스터리 쇼퍼(Mystery shopper : 고객으로 가장하고 매장을 방문하여 물건을 구매하면서 직원의 서비스를 평가하는 사람)로 방문했습니다.

K 대표는 집을 리모델링하는데 창호를 어떤 것으로 교체하면 좋을지 점원에게 문의했습니다. 점원은 아주 친절하게 효율 등급별 가격과 성능을 설명했습니다. 1등급은 가격이 비싸지만 40데시벨(dB) 이하의 소음 차단 효과가 있고 5등급은 가격이 싼 대신 60데시벨(dB) 이상 정도의 차단 효과밖에 기대할 수 없다는 이야기였습니다.

K 대표는 그 순간 눈앞이 캄캄했다고 회고했습니다. 그동안 전국의 매장에서 점원들이 저런 언어로 소비자에게 설명했다고 생각하니 정말 기가 막혔다고 합니다. 일반 소비자가 40데시벨과 60데시벨의 차이를 어찌 알겠습니까? 전문가끼리 서로 주고받는 B2B 방식 영업에나 어울리는 언어가 일반 소비자에게도 그대로 쓰인 것입니다.

K 대표는 간부회의에서 이 일화를 소개하며 H사의 현주소를 직시하자고 역설했다고 합니다. "말로만 '고객 만족'을 외칠 것이 아니라 언어를 '제조 중심'에서 '고객 중심'으로 재구성하자. 40데시벨, 60데시벨이 아니라 1등급은 조용한 도서관 느낌이고 5등급은 시끄러운 카페 느낌이라고 언어를 바꾸는 데서부터 혁신은 시작된다."

인터뷰를 끝내고 K 대표가 처음 던졌던 질문에 대한 답을 찾게 됐지요. '미션과 비전을 새로 만드는 것은 그동안 익숙했던 언어를 바꾸는 일.' K 대표의 리더십과 H사의 혁신은 결국 말하기, 글쓰기의 문제로 귀착됐습니다. K 대표의 일화는 말하기, 글쓰기가 우리 사회에서 어떤 위상과 역할을 갖고 있는지 단적으로 보여주고 있죠.

리더십과 소통능력

5년 전부터 SERI(삼성경제연구소. SERI는 시대의 변화에 맞춰 2021년 삼성글로벌리서치〈SGR〉로 사명을 바꾸었습니다.) CEO포럼 '리더의 글쓰기' 강의를 맡고 있습니다. 매주 한 차례 새벽 6시부터 강남의 인터콘티넨탈 호텔 컨퍼런스룸에 십여 명의 기업체, 공공기관 대표와 임원들이 모여 조찬을 들고 제 강의를 듣습니다. 저는 처음엔 '이 바쁜 사람들이 왜 글쓰기까지 배우려고 하는가' 의문을 가졌던 것이 사실입니다. 강의를 통해 교류하면서 이 사람들이 새벽잠을 마다하고 강의장을 찾는 이유를 알게 됐죠.

첫째, 직원들과의 소통입니다. 불과 10년 전만 해도 직장 문화는 위에서 명령하면 아래가 따르는 상명하복이 주류였습니다. 그러나 지금은 일선 직원에게서 공감과 동의를 얻어내고 나아가 창의성과 자발성을 이끌어내지 않으면 도태될 수밖에 없는 시대입니다. 리더십은 결국 소통 능력에서 나오는 것이었습니다.

둘째, 자기 객관화입니다. 사업을 둘러싼 환경과 패러다임이 실시간으로 바뀌는 현대사회는 관성에 안주하는 것을 용인하지 않습니다. 이럴 때 무엇보다 중요한 것은 스스로를 냉정하게 돌아보는 것이죠. 과녁이 이동해도 궁수의 자세가 안정돼 있다면 화살은 명중합니다. 글쓰기는 자신을 비추는 가장 맑은 거울의 역할을 하는 거죠.

셋째, 지식과 경험의 공유입니다. 한 기업, 한 조직을 세우고 키우고 지켜낸 과정의 기록은 사람들에게 소중한 경험과 통찰을 전해줍니다. 글을 쓰는 사람은 글을 통해 자기 삶의 가치와 의미를 발견하고 읽는 사람은 그 가치와 의미가 만들어지는 과정을 가상 체험합니다.

한 분야의 확고한 전문가가 됐을 때도 마찬가지입니다. 그 분야의 전문가와, 그 분야를 대중이 공감하고 이해할 수 있는 언어로 표현하는 전문가의 차이는 무엇에 비유할 수 있을까요? 동네 맛집과 유명 프랜차이즈 정도의 차이라고 비유하면 적절할까요? 물론 동네 맛집은 그것대로의 가치가 있지만 세상의 변화에 기여한다는 관점에서 봤을 때 한계가 분명한 것도 사실입니다.

몇 해 전, 현대자동차 남양연구소 연구원들을 대상으로 글쓰기 워크숍을 한 적이 있습니다. 제가 교육 담당자에게 이렇게 물었습니다. "연구원들이 왜 글쓰기 강의를 듣나요? 여긴 연구논문을 쓰는 곳이 아니라 제품을 개발하는 곳이잖아요." 그러자 이런 대답이 돌아왔습니다. "자신의 연구 분야를 대중에게 쉽게 설명할 수 있어야 제대로 된 연구를 할 수 있고, 그래야 좋은 제품도 개발할 수 있다, 이게 우리 회사 사장님의 지론이에요."

워크숍을 진행해보니 정말 재밌는 글들이 많이 쏟아졌습니다. 그 가운데 오디오 전문 연구원의 글이 지금도 인상 깊게 남아 있어요. 차량 진동과 소음을 전제로 최적의 청음 환경을 만들기 위해 주파수 이퀄라이저 설정, 음역대별 스피커의 위치 등을 설명하는데 아주 흥미로웠던 기억이 납니다. 남양연구소는 강의를 들었던 연구원들 가운데 열 명을 선발해 사내 웹진 블로거로 활동하게 한 다음, 일간지나 잡지에 자동차 관련 글을 기고할 수 있도록 키우겠다는 계획을 밝히기도 했습니다.

BTS, 손흥민은 인터뷰를 할 때마다 화제가 됩니다. 우리는 그들의 퍼포먼스를 사랑하지만, 퍼포먼스를 전달하는 그들의 언어를 그 못지않게 사랑하죠. 봉준호, 윤여정의 아카데미 수상 소감은 영화 〈기생충〉, 〈미나리〉의 가치를 몇 배 더 빛나게 만듭니다. 김영하는 소설도 매력적이지만 말로 우리를 매혹시키는 힘이 결코 소설에 뒤지지 않습니다. 김상욱은 저 같은 과포자(과학포기자)도 양자역학을 이해할 수 있도록 설명하는 놀라운 능력을 갖고 있죠. 그는 지금도 TV에서 종횡무진 활동하고 있으며 과학 대중화의 아이콘이 되었습니다.

제가 청와대에서 메시지를 썼던 노무현 대통령은 '정치는 곧 말과 글'이라고 정의하며 "제대로 된 리더라면 자신의 생각을 말과 글로 정리할 줄 알아야 한다"고 자주 이야기했습니다. 정치는 한 사회를 통합하는 기술인데 권위주의 시대엔 폭력과 공권력이 그 역할을 했다면 민주주의 시대엔 말과 글이 그 역할을 해야 한다는 뜻입니다. 노 대통령은 폭력과 편법이 아닌 대화와 상식이 중심이 되는 민주주의 사회를 만들고자 했습니다.

가정, 학교, 회사, 조직, 커뮤니티, 지역 등 모든 관계에서 말과 글로 자신을 표현하고 상대방과 각자의 생각을 막힘없이 주고받아야 합니다. 우리나라는 형식적 민주주의 측면에선 전 세계의 부러움을 살 정도로 큰 진전을 이뤄냈습니다. 이제 내용적 민주주의로 발전해야 합니다. 그것은 말과 글의 자유로움, 자연스러움으로부터 시작될 것입니다.

지금은 엄청난 속도로 정보화가 진행되고 있습니다. 2000년 넘게 걸려 생산해낸 정보의 양을 만드는데 2010년대엔 1주일이 걸렸고 2020년엔 하루도 걸리지 않았다고 하죠. 영국의 한 물리학자는 몇백 년 뒤 지구상엔 원자 수보다 디지털 비트 수가 더 많아질 것이라고 예측했습니다. 2025년 정보생산량은 연간 175제타 바이트인데 이를 블루레이(BlueRay) 디스크에 저장해 쌓으면 달까지 열두 번 왕복할 수 있는 거리라고 합니다.

인류 역사상 지금처럼 말하기와 글쓰기가 주목받은 적은 아마 없었을 것입니다. 이 주목도는 앞으로 더 높아지면 높아졌지 결코 낮아지지 않을 것입니다. 우리 아이들이 대학이나 사회에 첫발을 내디뎠을 때 리더나 리더의 파트너가 되기 위해 무엇을 준비해야 할까요? 민주주의 시대, 정보화 시대에 한 사람의 시민으로서 자립하기 위해 무엇을 준비해야 할까요?

　학부모가 왜 아이들의 말하기, 글쓰기에 주목해야 하는지 이제 쉽게 이해될 것입니다.

2. 말과 글로 누군가를
   설득하는 것의 가치

아이들이 무엇이 될지 알 수는 없지만 어떻게 살 것인가는 선택할 수 있습니다. 우리 아이들이 무엇이 되든지 읽고 말하고 쓰는 능력, 인생의 마스터키는 필요합니다.

로빈 워드는 박사 논문 작업의 일환으로, 현재 40대인 1977년 이후의 하버드대 졸업생을 대상으로 조사를 했다. 그녀가 한 질문의 하나는 "다음 열거한 기술이 당신의 현재의 일과 노력에 얼마나 중요합니까?"였다. 그 항목에는 정량 측정 도구 사용, 사람을 지도하고 감독하는 일 등 열두 가지 기술이 포함되어 있었다. 이런 질문에 대해 90퍼센트 이상의 졸업생은 글 잘 쓰는 기술을 현재 그들이 하고 있는 일에서 가장 중요한 것이라고 응답했다.

하버드에 있는 학생들은 한 학년 동안 길이에 상관없이, 리포트를 몇 개나 쓸까? 71퍼센트는 1년에 열 개 이상의 리포트를 쓰고, 6퍼센트만이 매년 네 개 이하의 리포트를 쓴다. 요구된 리포트의 개수에 초점을 맞추는 대신, 한 학년 동안 학생이 쓰는 리포트의 페이지 수를 묻는다면 어떤 답이 나올까? 그 데이터는(여기서도 과학 전공 학생은 제외) 대체로 비슷한 양상을 보여주고 있다. 83퍼센트의 학생은 한 학년 동안 적어도 60페이지의 리포트나 논문을 제출해야 한다. 여기서 60페이지란 분량은 최소한도를 의미한다. 대부분의 학생들은 100페이지 이상을 제출하고 있다(리처드 라이트, 『하버드 수재 1600명의 공부법』, 월간조선사, pp.78~82).

인생의 곁쇠—읽기, 말하기, 글쓰기

우리의 아이들이 다행스럽게 상위권 대학을 졸업하고 좋은 직장이나 직업을 얻었다 해도 그것은 아이 인생의 첫 번째 자물쇠를 연 것에 불과합니다. 요즘엔 한 직업이나 직장을 유지하는 기간이 대략 5년 내외라고 하죠. 아이는 힘들게 첫 번째 자물쇠를 연 지 5년 만에 새로운 자물쇠를 열어야 합니다. 아이들은 직업으로만 따져도 대여섯 번의 자물쇠를 열어야 합니다. 직업뿐만 아니라 결혼, 출산, 육아, 은퇴, 이별, 죽음, 커뮤니티 등 수없이 새로운 열쇠를 준비해야 합니다.

이화여자대학교 최재천 석좌교수는 칼럼 '곁쇠교육(조선일보, 2016. 1.12.자)'에서 이렇게 말합니다.

인생 100세 시대를 살아갈 지금 청년 세대는 평생 직종을 적어도 대여섯 번이나 바꾸며 살 것이란다. 대학에서 취업 관련 수업이나 듣고 스펙이나 쌓아본들 기껏해야 첫 직장을 얻는 데나 도움이 될 뿐이다. 첫 직장의 문이나 열어주는 평범한 열쇠가 아니라 평생 여러 직장의 문에 꽂아볼 수 있는 곁쇠가 필요하다. 하버드, 예일, 옥스퍼드 등 세계적 명문 대학들은 왜 사회 변화와 산업 수요에 맞춰 학과를 개편하기는커녕 수백 년 동안 변함없이 인문학과 기초과학 위주로만 가르치고 있을까? 인문학과 기초과학의 기반만 쌓으면 언제든 새로운 분야에 도전할 수 있다는 걸 그 대학들은 잘 알고 있기 때문이다.

모든 자물쇠를 열 수 있는 열쇠를 '마스터키(master key)'라 부릅니다. 우리말로 '곁쇠'라고 합니다. 최 교수는 인문학과 기초과학을 곁쇠라고 봤지요. 저는 최 교수의 주장에 크게 공감하면서 더 본질적인 '곁쇠'는 읽고 말하고 쓰는 능력이라고 생각합니다. 인문학과 기초과학을 공부하는 것은 교양적 지식을 축적하는 일이기도 하지만 더 본질적으로는 생각하고 표현하는 힘을 기르는 것입니다. 상대의 말과 글을 잘 이해하고 말과 글을 통해 상대를 설득하는 능력, 공감과 동의를 이끌어내는 능력이 '인생의 마스터키'입니다.

말과 글을 잘 다루는 것의 가치는 여러 인물을 통해 입증되고 있습니다. 버락 오바마 미국 전 대통령은 하버드대학교 로스쿨 재학 시절인 1990년 『하버드 로 리뷰(Harvard Law Review)』의 흑인 최초 편집장을 맡으면서 인생의 전환점을 만나게 됩니다. 오바마는 미국 법학계에서 최고의 권위를 인정받는 이 잡지의 편집장으로 언론의 주목을 받았고 이를 계기로 출판 제의까지 받죠. 그렇게 해서 1995년에 나온 책이 『내 아버지로부터의 꿈』입니다.

오바마가 이렇게 할 수 있었던 것은 어린 시절부터 꾸준히 책을 읽고 자기 생각을 기록했기 때문입니다. 『약속의 땅』에서 그는 이렇게 회고하고 있습니다. 어머니가 자신을 낳아준 아버지와 헤어지고, 재혼한 인도네시아인 아버지와도 이혼했을 때 그의 유일한 피난처는 책이었습니다. 오바마가 지루해 하거나 짜증을 낼 때, 어머니가 경제적으로 궁핍해 국제학교에 보내주지도 못하고 돌봐줄 수도 없을 때 어머니는 책을 내밀며 "가서 책을 읽으렴. 다 읽고 나서 뭘 배웠는지 말해줘"라고 말했습니다.

하와이 외갓집에서 몇 년간 살 때 오바마는 벼룩시장에서 도스토옙스키의 소설이나 랭스턴 휴스의 시를 탐독했습니다. 외할머니는 끝없이 책을 사들이는 그에게 "도서관을 열 작정이냐?"고 묻기까지 했지요. 모르는 단어는 동그라미를 쳐두고 사전에서 찾아보았습니다. 컬럼비아대학교 시절엔 동료들이 연 파티엔 얼씬거리지 않고 수도승처럼 읽고 쓰는 일에 몰두했으며 매일같이 일어나는 일을 글로 적어 일기장을 채웠습니다. 오바마는 글을 쓰며 자신이 세상에 가진 물음에 대해 스스로 묻고 답을 찾아갔습니다.

오바마는 일리노이주 상원의원으로서 2004년 6월 민주당 전당대회에서 존 케리 대선 후보를 지지하는 "Yes, We Can! Yes, We Did!"라는 제목으로 기조연설을 하게 됩니다. 흑인 아버지와 백인 어머니 사이에 태어난 자신이 이 자리에 서기까지의 과정, 미국의 당면한 과제, 이라크 파병을 앞둔 병사의 이야기를 들려주며 '하나의 미국'이라는 더 큰 비전을 제시하는 내용이었습니다.

이 연설을 미국 국민 900만 명 이상이 시청했으며 이를 통해 오바마는 전국적으로 유명한 정치인이 됐습니다. 이 연설로 오바마는 링컨, 케네디, 마틴 루서 킹에 비견되는 연설가로 인정받았죠. 오바마는 일리노이주 연방상원의원을 거쳐 흑인 최초로 2008년 11월 미국 제44대 대통령에 당선되고 2012년 재선에 성공했습니다. 정치적 고비마다 그의 명연설은 미국 국민과 유권자를 설득하는 가장 큰 무기였으며 그가 쓴 책 『담대한 희망』과 『약속의 땅』은 베스트셀러가 됐습니다.

세상에서 빛을 발하는 글쓰기와 말하기

경영학의 아버지 피터 드러커는 평생 수십 권의 저서와 수많은 논문과 칼럼을 썼습니다. 피터 드러커는 이렇게 글쓰기의 가치를 말하고 있습니다.

대학에서는 학생들이 장차 회사에 취직하면 가장 가치 있을 한 가지를 가르치고 있다. 그런데 극소수의 학생들만이 그것을 열심히 배운다. 그것은 다름 아닌 아주 기초적인 기술로, 어떤 아이디어를 정리하여 글로 쓰거나 말로 표현하는 능력이다.

당신이 사회에 첫발을 들여놓는 순간부터, 당신이 어느 정도 효과적으로 일을 하느냐는 말이나 글로써 다른 사람에게 영향을 미치는 능력에 달려 있다. 당신의 생각을 말이나 글로 전달하는 능력의 중요성은 지위가 상승할수록 더욱 커진다. 아주 큰 조직에서는 표현하는 능력만으로도 가장 높은 평가를 받을 수 있다.

에어비앤비 최고경영자(CEO) 브라이언 체스키는 일요일 밤마다 전 직원에게 이메일로 자신의 생각을 전합니다. 체스키는 "큰 기업의 경영자라면 공적인 연설과 글쓰기에 능해야 합니다. 그것이 곧 경영의 도구가 되기 때문"이라고 말했습니다. 골드만삭스 CEO 데이비드 솔로몬은 "회사 내에서 점점 찾아보기 어렵지만 내가 중요한 기술이라고 생각하는 것을 말하자면 바로 글쓰기 능력"이라고 이야기했습니다.

아마존 창업자 제프 베조스는 "글쓰기가 사고력을 개발하는 데 전부"라면서 '6페이지짜리 문서(6 Page Narrative Memo)' 작성 방법까지 창안해 아마존 회의에 활용했습니다. 베조스는 인간의 뇌는 항목별로 정리한 요약 글보다 서술형으로 작성한 글을 이해하는 데 더 적합하도록 설계되어 있고 정리된 내용을 일일이 설명하는 것보다 인과관계를 가진 이야기로 풀어내는 것이 읽는 사람의 감정에 호소하여 설득하는 데 도움이 된다고 글쓰기의 의미를 강조하고 있습니다.

페이스북 CEO 마크 저커버그는 2017년 하버드대학교 졸업식 축사에서 이런 일화를 들려줍니다.

제가 좋아하는 이야기 중에 이런 것이 있습니다. 존 F. 케네디 대통령이 나사(NASA) 우주센터를 방문했을 때 청소부를 발견하고 다가가 무얼 하고 있는지 물었다고 합니다. 청소부는 이렇게 대답했죠. "대통령님, 저는 인류가 달에 가는 것을 돕고 있습니다." 목적은 우리가 우리 자신보다 위대한 무언가의 한 부분이며, 필요한 존재이고, 더 나은 일을 할 수 있다고 생각하는 겁니다. 목적은 진정한 행복을 창조하죠.

대통령에게 이렇게 이야기하는 청소부, 청소부의 이야기를 멋지게 소개하는 저커버그. 그들은 모두 말과 글로 자기 인생의 가치와 의미를 표현하는 능력을 가진 사람들입니다. 그들은 또 말과 글로 누군가를 설득하는 것의 가치를 아는 사람들입니다. 우리 아이들의 삶에 가장 필요한 것이 바로 이것이 아닐까요?

아이들이 무엇이 될지 알 수는 없지만 어떻게 살 것인가는 선택할 수 있습니다. 우리 아이들이 무엇이 되든지 읽고 말하고 쓰는 능력, 인생의 마스터키는 필요합니다. 부모는 자녀에게 그 한 가지 분명한 선물을 건넬 수 있습니다.

2장

책 잘 읽는 아이

1. 책은 어떻게 읽어야 할까?

"어떤 책은 맛보고, 어떤 책은 삼키고, 소수의 어떤 책은 잘 씹어서 소화해야 한다"고 프랜시스 베이컨은 말했습니다. 아이들이 강박에 사로잡히지 않고 다양한 방법으로 책을 볼 수 있도록, 자유로운 스타일의 독서법을 익히도록 부모가 도와줘야 합니다.

부모나 아이나 책 한 권을 끝까지 읽어내기가 결코 쉬운 일은 아닙니다. 제가 강연할 때 써먹는 몇 가지 안 되는 농담 가운데 이런 게 있죠. "여러분, 책 한 권을 읽고 나면 뭐가 남죠?" 이렇게 물으면 대부분은 답을 하지 못하고 어색한 웃음만 짓습니다. 저는 그 표정을 향해 이렇게 말합니다. "뿌듯함만 남죠." 강연장은 이내 웃음바다가 됩니다.

책 읽는 수고에 비해 머릿속에 남는 것은 보잘것없습니다. 책에서 읽은 내용을 글이나 말로 인용하려고 하면 조각난 생각만 떠오를 뿐 그것들을 조리 있게 엮어내지 못합니다. 심지어 어느 책을 읽다가 기시감이 들어 확인해보면 예전에 이미 읽었다는 사실을 쓸쓸레 발견하기도 하지요. 이런 데도 책을 읽어야 하는가, 책장을 넘기면서도 회의에 빠질 때가 한두 번이 아닙니다.

어떤 사람은 독서 효과를 콩나물 키우기에 비유합니다. 콩나물시루에 물을 부으면 물이 모두 빠집니다. 하지만 사이사이 남아 있는 습기가 콩나물을 키웁니다. 다 사라지고 남은 것이 없는 것 같지만 독서는 부지불식간에 생각을 깊게, 견문을 넓게 한다고 합니다. 그렇더라도 별다른 위안은 되지 않습니다. 많은 사람들이 독서의 효과를 높일 수 있는 방법을 찾고 싶은 이유가 여기에 있습니다.

어떻게 책을 읽어야 하는가? 수많은 작가, 사상가, 학자들이 독서에 대해 정말 많은 조언과 충고를 아끼지 않았죠. 지금 이 순간에도 많은 책과 유튜브에 독서를 잘하는 방법에 대한 콘텐츠가 넘쳐납니다. 독서법에 관심이 있는 사람들이라면 이 가운데 몇 개쯤을 살펴보고 직접 따라 해보기도 했을 것입니다. 그 결과는 어땠을까요?

저는 오히려 역발상이 필요하다고 생각합니다. 독서에 대해 오랫동안 많은 사람이 주장하고 움직일 수 없는 진리인 것처럼 굳어진 통념을 깰 필요가 있습니다. 고정관념이 만들어낸 강박에 사로잡히면 독서는 즐거움이 아니라 고통이 됩니다. 그렇게 읽은 책은 관용과 이해가 아니라 오히려 아집과 편견을 키우게 됩니다.

독서의 역발상―다독, 완독, 순차독에서 벗어나기

저는 독서에 대한 통념을 하나씩 깨 나가려고 합니다.

첫째, 다독(多讀). 누구나, 어디서나 책을 많이 읽어야 한다고 권하고 있습니다. 당나라 시인 두보는 "부귀는 반드시 근면한 사람이 얻으니 남자라면 반드시 다섯 수레의 책을 읽어야 하느니라(富貴必從勤苦得 男兒須讀五車書 부귀필종근고득 남아수독오거서)"라는 시를 쓰기도 했습니다. '남아수독오거서'라는 말이 여기에서 나왔습니다. 중국 송나라의 정치가 겸 문인인 구양수는 글을 잘 쓰기 위해 '다작(多作)' '다상량(多商量)'과 함께 '다독(多讀)'을 꼽고 있습니다.

제 생각은 다릅니다. 책을 많이 읽어도 그 책에 담긴 내용을 하나라도 내 것으로 만들지 않는다면, 다독은 오히려 독이 될 수도 있어요. 반드시 내 것으로 만드는 과정이 필요합니다. 조선 시대 성리학자 이이(李珥)는 "사람들이 입으로만 읽고 마음으로 체험하지 아니하며 몸으로 행하지 아니하면, 글은 다만 글자에 지나지 않으며 나는 나대로라는 격이니 실제로 유익한 것은 없다"고 말했습니다.

옛사람들은 '독서백편의자현(讀書百遍義自見)'이라고도 했습니다. 뜻이 어려운 글도 자꾸 되풀이해서 읽으면 그 뜻을 저절로 깨닫게 된다는 말이죠. 괜찮은 방법이긴 한데 현대인에겐 어울리지 않습니다. 옛사람들은 읽어야 할 텍스트의 양이 아주 제한적이었습니다. 게다가 다른 일을 하지 않고 책만 봐도 되는 조건이었죠. 하지만 지금은 읽어야 할 글이 스마트폰과 컴퓨터에 길게 줄 서 있고 독서 외에 눈길을 사로잡는 일이 이탈리아 식당의 메뉴판처럼 즐비합니다.

책을 읽고 내 것으로 만드는 방법은 읽은 내용을 내가 경험한 현실과 자꾸 비교해보는 겁니다. 책 내용을 대상화하지 않고 적극적으로 나를 대입시켜야 합니다. 책이 말하고 있는 지식과 주장을 현실의 프리즘에 통과시켜 바라보아야 합니다. 그렇게 하지 않으면 책의 세계에 갇혀 현실을 왜곡하고 아집과 독선에 빠집니다. 책을 많이 읽었지만 책 한 권 읽기도 힘든 평범한 생활인보다 현실을 보는 눈이 더 비뚤어지고, 다른 사람의 주장과 의견에 꽁꽁 귀를 막고 사는 지식인을 저는 너무 많이 만났습니다.

과거엔 비싼 돈 들여가며 전집류의 책을 사다 책장에 쟁여두고 1권부터 순서대로 아이들에게 읽히는 부모들이 많았습니다. 전집은 부모가 아이와 넘어야 할 장애물 경기 같은 것이었습니다. 그 장애물 경기를 끝까지 이어가는 부모와 아이를 저는 한 번도 만난 적이 없습니다. 가지런히 책장에 꽂힌 전집의 빛나던 책등은 어느새 색이 누렇게 바래고 집의 공간만 차지하는 애물단지로 전락합니다. 부모는 전집에 자신의 조급증을 투사하며 절망하고, 아이는 전집으로 돌이킬수 없는 염증을 느끼며 독서로부터 멀어집니다.

요즘엔 서울대학교, 하버드대학교 등 유명 기관이 선정하는 독서목록의 책을 빠짐없이 산 다음 아이들에게 내미는 부모들이 있다고 합니다. 아이들의 관심이나 지향은 전혀 고려하지 않습니다. 부모는 유명 기관의 독서 목록을 아이들의 성공을 보장하는 부적쯤으로 여기는 것이 분명합니다. 그 부적으로 잠시 효과가 나타날 수 있겠지만 아이는 평생 독서의 즐거움을 모르고 살아갈 가능성이 커집니다.

둘째, 완독(完讀). 저는 어릴 때부터 책을 손에 잡으면 끝까지 읽어야 한다는 강박관념이 있었습니다. 어떤 책은 내리막을 걷는 것처럼 술술 읽히기도 하지만 어떤 책은 모래주머니를 차고 오르막을 오르는 것처럼 쉽게 읽히지 않았죠. 특히 세계문학 전집류의 글들이 그랬습니다. 원래 내용이 어려운 것인지, 번역이 잘못된 것인지 알 길 없는 초보 독서가는 그걸 미련스럽게 읽어내려고 무진 애를 썼습니다. 2000년대 이후 일본어 중역이 아닌 원문 번역본으로 세계문학을 다시 읽으며 저는 엉터리 번역 때문에 그렇게 생고생을 했구나, 씁쓸해했습니다.

그때는 중간에 포기하면 의지박약을 들키기라도 하는 것처럼 왜 그렇게 끝까지 읽는 완독에 집착했는지 모릅니다. 어른이 되어서도 그 강박으로부터 자유롭지 않았지요. 그래서 저처럼 읽고 쓰는 일이 직업인 사람에게도 독서는 늘 부담스러운 일이었죠. 몇십 페이지를 읽다가 흥미가 떨어져도 한숨을 내쉬며 꾸역꾸역 페이지를 넘기던 순간이 떠오릅니다.

나이 쉰 살이 넘고서야 이런 생각에 큰 변화가 찾아왔습니다. 어떤 책은 모든 마음과 모든 힘을 기울여 읽어야 하지만, 대부분의 책은 중간중간 건너뛰며 읽어도 괜찮다는 사실을 알게 되면서 완독의 부담으로부터 자유로워졌죠. 목차와 앞부분 몇 장만 읽으면 이 책에 대해 제가 취해야 할 태도가 판가름 났습니다. 제 눈앞에 딱 붙어 있던 책이란 대상을 멀찌감치 떼어내 개관(槪觀)할 수 있는 심리적 거리가 확보된 셈이라고 할까요. 물론 이것도 수십 년 시행착오 끝에 주어진 선물 같은 통찰이겠지만.

즐거운 책읽기로 가는 길

그 후 제 책읽기는 예전보다 훨씬 자유롭고 즐거운 일이 됐습니다. CD나 MP3에서 좋아하는 음악만 골라 듣듯이 말이죠. 최근 제가 책 읽는 패턴을 몇 가지로 간추리면 대략 이렇습니다. 아이들 책 읽기 지도에 참고하면 좋겠습니다.

전심전력을 기울여야 하는 책이라면 빨리 읽을 필요가 없습니다. 하루 세 끼 밥을 먹듯 조금씩 조금씩 읽는 겁니다. '페이지 넘어가는 게 아까워. 이거 다 읽으면 어떻게 하지.' 맛있는 과자를 아무도 모르는 곳에 감춰두고 몰래몰래 조금씩 꺼내 먹듯 아껴 읽는 겁니다. 이런 책은 문장을 하나하나 맛보듯, 잘근잘근 씹듯 읽으면 좋습니다. 아이들과 소리 내어 읽거나 베껴 쓰며 읽는 겁니다.

소리 내어 읽기는 여러 학자와 전문가들이 그 효과를 증명하고 있습니다. 인간은 하나의 감각보다 여러 개의 감각을 거쳤을 때 그 내용을 더 잘 기억하고 체화하게 됩니다. 저는 20대엔 시집을 베껴 쓰고 지금은 주로 철학책을 필사합니다. 손이 아프기는 하지만 한 자한 자 머리에 새겨지는 것 같아 새로운 차원의 독서를 경험하고 있습니다. 책을 읽다가 잘 이해되지 않는 부분이 있다면 소리 내어 읽거나 베껴 쓸 것을 권합니다.

어떤 책은 앞부분만 읽어도 됩니다. 이런 책은 머리말과 차례를 주의 깊게 살피면 내용 파악에 도움이 됩니다. 그 책에서 말하고자 하는 주장과 원리가 거기에 담겨 있을 가능성이 크기 때문이죠. 책 내용의 대부분은 주장과 원리의 타당성을 입증하기 위한 근거, 사례, 예시입니다. 주장과 근거, 사례, 예시가 가장 잘 조화를 이룬 글은 맨 앞에 위치할 공산이 큽니다. 그것을 정독하면 책의 대부분을 읽었다고 할 수 있어요.

차례는 그것을 어떻게 다양하게 펼쳐냈는가를 보여주는 지도입니다. 이런 것들이 눈에 들어왔다면 나머지는 설렁설렁 넘겨 보아도 무방합니다. 물론 근거, 사례, 예시를 다 읽어도 되지만 지루한 되풀이라면 그쯤에서 책을 덮는 게 지혜로운 일이죠.

때로는 듬성듬성 읽어도 되는 책이 있습니다. 각 부분의 내용이 아주 독립적인 책이 그렇습니다. 특정 키워드나 콘셉트에 따라 넓은 범위에서 한 묶음이 됐지만, 굳이 그 묶음의 낱개가 아니라고 해도 홀로 완결성을 갖는 글이죠. 이런 책은 구미가 당기는 것부터 골라 읽어도 좋습니다.

회전 초밥집에 가서 어떤 접시부터 고를까 고민할 때 그런 기분이 들 겁니다. 한 접시를 비우고 나면 그다음 손이 가는 접시가 있습니다. 장어? 연어? 문어? 든든하게 먹었다면 남아 있는 접시에 미련을 둘 필요는 없습니다. 포만감을 즐기며 책장을 덮는 겁니다. 이런 책은 어느 정도 체계가 있는 것처럼 보이기 위해 구성을 편의적으로 설정한 것이기 때문에 굳이 처음부터 읽지 않아도, 전부를 읽지 않아도 상관없습니다.

형편없는 책도 많습니다. 필자의 유명세, 책 표지의 홍보 문구에 솔깃해 책을 샀지만, 이런 책은 몇 페이지만 읽어도 바닥이 금방 드러납니다. 구성은 갈팡질팡, 내용은 뒤뚱뒤뚱, 문장은 엉망진창. 책을 사느라 쓴 돈이 아까워 참고 더 읽으면 나아지겠지라는 미련 때문에 망설이게 됩니다. 부디 미련 따위는 버려주길 바랍니다. 모든 책이 위대하고 숭고할 거란 생각에 사로잡히지 마세요. 이런 책은 그냥 던져버립시다.

책마다 주의 깊게 바라봐야 할 포인트가 다릅니다. 새로운 생각을 일깨워주는 책들은 그 생각을 펼쳐내는 지도를 잘 그려가면서 읽으면 좋습니다. 전체 지도가 잘 보이지 않는다면 비교적 손쉬운 한 부분이라도 지도를 그려보는 거죠. 새로운 지식을 전하는 책들은 중요한 개념과 원리를 먼저 파악하고 그것을 증명하거나 설명하는 고유한 방식을 파악해야 합니다. 덩어리 상태의 내용을 조각조각 잘라내면 더 잘 보입니다.

깊은 공감을 주고받는 책이라면 문장에 집중해야 합니다. 문장의 흐름, 장단, 밀도를 느끼면서 작가와 독자는 깊은 대화를 나눕니다. 앞의 두 경우는 큰 백지를 한 장 준비하고 그림을 그려가면서 책을 읽고, 마지막의 경우는 감명 깊은 문장에 연필로 밑줄을 그어가며 때로 그것을 베껴 쓰며 읽습니다.

셋째, 순서대로 읽기. 한 권을 다 읽고 난 다음 다른 책으로 가는 것이 좋을까, 아니면 여러 책을 동시에 읽는 것이 좋을까요? 편의상 앞엣것을 순차독(順次讀), 뒤엣것을 병독(竝讀)이라고 부르겠습니다.

온전히 주의를 집중하며 한 권의 책을 읽어내는 것이 가능한 사람들에겐 순차독을 추천합니다. 그러나 그게 쉽지 않습니다. 저는 개인적으로 순차독보다 병독을 선호합니다. 처음엔 흥미로우니까 집중이 잘 되지만 페이지가 넘어갈수록 산만해집니다. 그럴 때 다른 책을 읽으면 집중력이 다시 살아납니다. 물론 이 책도 시간이 흐르면 산만해지겠지만 말이죠. 그럴 때 처음 읽던 책으로 돌아갑니다. 그러면 마치 책을 새로 읽는 기분이 들면서 집중력이 되살아납니다.

정글의 원숭이가 이 나뭇가지, 저 나뭇가지를 옮겨 타며 앞으로 나가는 장면을 연상해보세요. 여러 권의 책을 번갈아가며 읽으면 집중력이란 나무에서 떨어질 위험이 적습니다. 전혀 다른 계통의 책들을 병독하면 뜻하지 않게 머릿속에서 이 책과 저 책의 내용이 뒤섞이기도 합니다. 요즘 통섭, 융합이 학문과 산업의 대세라는데 병독을 통해 통섭과 융합을 경험할 수 있는 덤까지 생기죠. 병독은 서너 권 정도가 적당합니다. 그 범위를 넘어가면 어지러운 독서, 난독(亂讀)이 될 수 있습니다.

부모는 아이들이 한 권의 책을 끝까지 읽지 않고 이 책 저 책을 들춰보면 집중력이 떨어질까 걱정합니다. 하지만 부모에게 꾸중을 듣지 않으려고 이미 흥미를 잃어버린 책을 붙들고 읽는 시늉만 하는 아이의 집중력을 오히려 걱정해야 합니다. 이 책 저 책을 들춰보는 아이가 마음에 맞는 책을 만나면 놀라운 집중력을 발휘하게 될 테니까요.

"어떤 책은 맛보고, 어떤 책은 삼키고, 소수의 어떤 책은 잘 씹어서 소화해야 한다"고 프랜시스 베이컨은 말했습니다. 아이들이 강박에 사로잡히지 않고 다양한 방법으로 책을 볼 수 있도록, 자유로운 스타일의 독서법을 익히도록 부모가 도와줘야 합니다.

독서는 사람을 만나고 사귀는 것처럼 마음이 자연스럽게 흐르는 방향을 따라야 합니다. 인생을 살아가면서 꼭 많은 사람을 만날 필요는 없습니다. 어떤 의도를 갖고 인위적인 친교를 맺으려고 하면 오히려 탈이 나기도 하죠. 얇고 넓게 형성된 인맥은 성공 가도를 달리고 있을 때 유용합니다. 사실 성공 가도를 달리면 저절로 인맥이 달라붙기도 합니다. 그러나 위기를 만나면 그런 인맥은 곧 그 허상의 바닥을 드러냅니다.

결국 우리는 끌리는 사람을 만납니다. 그 사람과 사귀면서 나와 다른 그 사람의 깊은 세계를 하나씩 알게 됩니다. 어떤 점은 좋아하게 되고 어떤 점은 불편하게 생각할 수 있습니다. 그 모든 것이 지금 내가 끌리는 그 사람을 구성하고 있다는 사실을 이해하게 됩니다. 나의 가치관과 선호를 넘어 한 사람을 이루는 다양하고 모순된 세계를 받아들이면 우리의 삶은 한층 더 성숙하고 평화로워집니다. 독서는 결국 책을 통해 사람을 만나는 일입니다.

다독과 완독, 순차독에서 벗어나는 독서에 대한 역발상이 필요하다.

- 하루 세끼 밥을 먹듯 조금씩 전심전력을 다해서 읽기
  ↳ 내용을 음미하고 문장을 맛보며 의미 파악에 효과적

- 다중의 감각 기관을 이용한 소리내어 읽기
  ↳ 내용이 머리에 쏙쏙 박히고 글 전체를 이해하는 데 도움

- 한 자 한 자 베껴 쓰는 필사하기
  ↳ 천천히 음미하며 옮겨 쓰는 과정은 어려운 책을 이해하는 지름길

- 책의 전체를 보여주는 지도, 차례 읽기
  ↳ 책의 구성과 내용을 일목요연하게 이해하고 파악하게 됨

- 중간중간 읽기
  ↳ 한 권의 책이지만 각 부분이 독립적인 책 읽기에 효과적

- 순차독, 병독
  ↳ 한 권에 온전히 집중하는 경우엔 순차독, 집중력이 떨어질 때는 다른 책을 번갈아 읽는 병독이 효과적

독서 목록 만들기

1. 이 작업은 만다라트(Mandal-Art)를 이용해 부모가 아이와 함께 아이의 관심 분야를 발견하고 그와 연관된 책으로 아이의 독서 목록을 만드는 과정입니다. 먼저 아래 칸에 아이가 관심 있는 분야나 대상에 해당하는 낱말을 적어보세요. 이 낱말을 중심 키워드라고 합니다.

공룡		미국
	관심 분야	
게임		우주 여행

2. 중심 키워드와 관련이 있는 책을 아이와 함께 찾아 둘레 칸에 적어보세요. 이미 읽은 책은 글자 위에 빗금을 그어 표시해주세요. 아이가 나머지 책들도 스스로 찾아 읽을 수 있도록 도와주세요. 모든 칸에 빗금이 그어지면 아이에게 선물을 해주세요.

	공룡						미국	
			공룡		미국			
				관심 분야				
			게임		우주 여행			
	게임						우주 여행	

2. 아이를 독서의 주인공으로

독서는 바로 마음의 근력을 키우는 가장 효율적인 공부입니다. 그런 점을 명확하게 인식한다면 발상의 전환도 가능하죠. 아이가 어떤 책에 몰입하고 열의를 보이는지 잘 살펴보고 거기서 주도성을 발휘하도록 도와줘야 합니다.

부모의 이중적 태도를 깨자

많은 부모가 아이가 책을 읽지 않는다고 걱정합니다. 아이가 책을 자연스럽게 접하도록 부모는 다양한 노력을 기울입니다. 아이가 겨우 말을 배우기 시작할 때부터 동화책을 읽어주고 조금 더 자라면 아이가 좋아할 만한 책을 세트로 구매해 아이 방과 집안 곳곳에 꽂아두죠. 독서 코칭 학원에 보내거나 방문교사 서비스를 받기도 합니다.

부모가 책을 열심히 읽으면 아이도 따라 한다는 속설이 있습니다. 그래서 아이에게 책 읽는 모습을 자주 보여주려고 노력합니다. 하지만 부모가 실제로 열렬한 독서광이어도 아이들이 책을 거들떠보지 않을 수도 있습니다. 집에서 텔레비전까지 없애고 스마트폰이나 컴퓨터 사용까지 엄격하게 제한했는데도, 아이의 손은 책을 향해 뻗지 않습니다.

하루나 일주일 가운데 일정한 시간을 정해 온 가족이 '독서 시간'을 갖는 가정도 있습니다. 독서로 퀴즈를 풀거나 독서 탐구 여행을 떠나기도 합니다. 목표한 독서량을 달성하면 아이가 갖고 싶은 선물을 주는 보상 체계를 가동하기도 합니다. 이렇게 다양한 프로그램을 해봐도 아이들은 독서에 흥미를 느끼지 않고 오히려 귀찮아하는 반응마저 보입니다.

아이가 처음부터 책에 흥미를 갖지 않는 경우도 있지만 유치원이나 초등학교 저학년일 때는 제법 책을 가까이하다 초등학교 고학년이 되면서 갑자기 책을 멀리하기도 합니다. 세트로 구매한 책은 아이가 한 번도 들춰보지 않은 채 중고서점으로 팔려나갑니다. 독서 코칭 학원이 별다른 변화를 만들어내지 못하고 학원을 하나 더 늘린 셈이 돼버리기도 하죠.

도대체 어떻게 해야 아이는 책을 가까이하게 될까요? 아마도 정도의 차이는 있겠지만 우리나라 부모 대부분이 이런 고민을 할 겁니다. 초등학생 때는 아이가 책과 가까워질 수 있도록 온갖 시도를 하다 결국 포기합니다. 그러고는 중학생, 고등학생이 된 뒤부터는 오히려 공부할 시간을 뺏겨서는 안 된다는 생각에 책을 읽지 않는 것을 당연하게 받아들입니다.

대학생이 되어 전공 외엔 교양서적이나 소설책을 한 권도 읽지 않는 자녀를 부모는 한심하고 불안하게 지켜봅니다. 그러나 그것도

1~2학년 때까지만 유효합니다. 3~4학년에 올라가면 취업 준비용 책 대신 교양서적이나 소설책을 붙들고 있는 모습을 오히려 한심하고 불안하게 지켜보는 것으로 부모의 마음이 바뀝니다. 우리나라에서 독서는 이상한 딜레마에 빠져 있지요.

우리나라 부모에게 자녀의 독서란 진학과 취업을 위한 공부 시간을 침해하지 않는 범위 내에서만 유효합니다. 독서 자체가 삶을 제대로 살아가기 위한 가장 중요한 공부라고 생각지 않습니다. 진학과 취업을 위한 공부의 효율을 높이거나 그 때문에 부족해진 교양과 지식을 보완하는 정도의 역할로 여깁니다.

아이의 독서에 투사된 부모의 왜곡된 바람부터 냉철하게 자각할 필요가 있습니다. 독서가 진학, 취업 공부에도 어느 정도 도움이 되는 것은 사실입니다. 요즘 공부의 화두는 문해력입니다. 문해력이 뛰어나야 수학 문제의 지문도 잘 이해하고 영어 문제의 배배 꼬인 질문의 함정에도 빠지지 않습니다. 그러나 독서가 오로지 그것만을 위한 것이라면 너무 근시안적 접근입니다.

독서는 진학, 취업 공부가 해줄 수 없는, 성숙하고 풍요로운 삶을 살기 위한 공부입니다. 아이가 살아가면서 어떤 상황에 부딪힐지는 예측도, 선택도 할 수 없습니다. 아이가 꽃길만 걸어가길 바라는 것이 부모의 마음이지만 가시밭길, 바윗길을 피해갈 수 없죠. 이렇게 긍정, 부정의 상황을 마주칠 때 아이가 어떤 마음과 자세를 갖느냐는 다행스럽게도 예측하고 준비할 수 있습니다. 독서는 바로 그 마음의 근력을 키우는 가장 효율적인 공부예요. 그런 점을 명확하게 인식한다면 발상의 전환도 가능합니다.

몰입과 열의를 불러오는 주도성

아이가 어떤 순간 몰입하고 열의를 보이는지 잘 살펴볼 필요가 있습니다. 아이는 좋아하는 일이나 분야를 만나면 놀라운 집중력으로 거기에 몰입하고 열의를 보입니다. 그렇다면 아이는 왜 그러는 것일까요? 아이가 주도성을 발휘할 수 있기 때문입니다. 주도성이란 아이가 자기 생각과 뜻을 마음껏 펼치고 자신의 노력으로 변화와 성과를 만들어내는 것입니다.

특히 최근 MZ세대(1981~2010년생을 이르는 통칭, 밀레니얼 세대와 '디지털 원주민'이라 불리는 Z세대를 의미)들은 기존의 세대들과 비교할 수 없는 수준으로 자신이 주도성을 발휘하는 일과 분야에 열광합니다. BTS 팬클럽 아미(ARMY)의 활동은 과거 오빠 부대나 아이돌 팬클럽과는 확실하게 다른 특징을 보여줍니다. 단순히 아이돌을 사랑하고 추종하는 것이 아니라 BTS를 함께 만들어간다는 주체 의식이 아주 강합니다.

2020년 2월 4일로 예정된 BTS 서울 콘서트가 코로나19로 인해 취소되는 사태가 벌어졌습니다. 처음에 일부 팬들이 소속사를 성토하는 글을 올렸지만 ARMY가 나서면서 흐름이 바뀌었습니다. 환불받은 표 값을 재해구호협회에 기부하는 행렬이 시작된 거지요. 밀려드는 기부 행렬로 인해 재해구호협회 인터넷 사이트가 한때 다운됐고, 이 흐름은 해외에까지 퍼져나가 페이팔 송금이 가능하게 해달라는 청원으로 이어졌습니다.

과거의 아이돌 팬클럽도 자신이 좋아하는 아이돌의 이미지 개선을 위해 기부나 자원봉사 등 다양한 활동을 벌였습니다. 그것은 기획사나 아이돌 중심으로 프로그램이 짜이고 팬클럽은 그것을 수동적으로 따라가는 형태였습니다. 하지만 ARMY의 기부 행렬은 기획사나 BTS가 주도한 것이 아니라 스스로의 결정에 따른 것입니다. BTS의 이미지를 긍정적으로 만든다는 측면에선 과거 팬클럽과 크게 다르지 않지만, 그 지향점과 방식은 사뭇 다릅니다. ARMY는 BTS를 매개로 사회적 가치를 실현하겠다는 자발적 동기에 따라 행동했다는 점이 특징입니다.

MZ세대에게 유행하는 '덕질' 또한 어느 분야에서 주도성과 영향력을 직접 발휘하고 싶은 경향이 극명하게 발현된 경우입니다. 어떤 경우 '덕질'은 프로의 전문성을 뛰어넘거나 그 분야의 새로운 영역을 개척하기도 합니다. 앨빈 토플러가 말했던 '프로슈머(Prosumer : 제작자를 뜻하는 Producer와 고객을 뜻하는 Consumer의 합성어)'가 21세기 대한민국에서 '덕후'로 환생한 것입니다.

이들은 소비에서도 가치를 중시합니다. 수동적인 소비자의 위치를 넘어 기업이 소비자의 의견을 제품 생산에 적극 반영하고 사회적 가치를 지킬 것을 요구합니다. 실제로 어떤 제과업체는 자기 회사 대표

상품에 상상력을 더하는 SNS 공모전 이벤트를 벌였고 그중 최우수 작의 아이디어를 제품 제작에 반영하기도 했습니다. '덕업일치'라는 말이 상징하듯 '덕질'이 우리 사회 각 분야의 창의와 변화를 추동하는 동력이 되고 있습니다.

내 아이를 독서의 주인공으로

그렇다면 독서 과정에서 주도성을 높이는 방법은 무엇일까요? 어떻게 하면 아이가 책을 통해 자기 생각과 뜻을 마음껏 펼치고 자신의 노력으로 변화와 성과를 만들어낼 수 있을까요? 어떻게 하면 아이를 독서의 주인공으로 만들 수 있을까요?

첫째, 부모는 아이가 좋아하는 책을 골라 마음껏 읽을 수 있도록 배려해야 합니다(앞 장에서 다룬 만다라트를 이용한 독서 목록 만들기 참고). 각종 추천 도서 목록은 참고만 해주세요. 대체로 그런 목록은 아이의 독서 수준을 이상적으로 설정했을 때 가능한 것들입니다. 아이의 수준이나 요구와 상관없이 그런 책을 강요한다면 아이는 책과 영영 멀어질 수밖에 없습니다. 만화책이든 그림책이든 아이가 선택했다면 무조건 믿어줘야 해요.

둘째, 책 내용을 아이가 충분히 이해하도록 도와줘야 합니다. 어른도 어려운 단어, 복잡한 구성, 난해한 내용을 만나면 책 읽기를 포기합니다. 어른보다 인내심이 적은 아이는 더욱 그렇겠지요. 부모가 사전에 아이가 읽을 책을 훑어보는 것이 좋습니다. 어려운 단어, 복잡한 구성, 난해한 내용은 없는지 미리 점검하고 아이가 그것을 장애물로 느끼지 않도록 친절한 도움과 설명을 준비해야 합니다.

셋째, 아이가 책 내용을 깊게 이해하도록 도울 방법이 있다면 더욱 좋습니다. 이것을 천천히 읽기, 곱씹어 읽기, 슬로리딩(Slow reading)이라 부릅니다. 나중에 더 자세하게 설명하겠지만 부모와 아이가 슬로리딩을 하면서 글자와 문장의 겉으로는 잘 드러나지 않지만 그 속을 깊게 파고들면 알 수 있는 내용을 힘을 합쳐 발견하는 겁니다. 아이는 독서가 보물찾기처럼 재밌는 일이라고 받아들이게 되죠.

넷째, 책의 스토리나 내용을 바꾸어 써보는 것입니다. 아이가 그 책의 주인공이나 어떤 인물이 된다면 어떻게 선택할지, 상황을 설정하고 상상의 날개를 펼쳐보는 겁니다. 아이들이 게임을 좋아하는 것은 스토리가 이미 정해진 하나의 경로로 진행되지 않고 자신의 선택에 따라 무수한 경우의 수로 갈라지기 때문입니다. 아이들은 게임을 통해 스스로 스토리를 만들어가는 즐거움을 잘 알고 있습니다.

다섯째, 책의 내용을 요약해 보는 겁니다. 그림책이나 동화책은 아이가 내용을 간단한 줄거리로 줄여서 글로 표현하도록 도와줄 수 있는 소재입니다. 글로 쓰는 것이 부담스럽다면 말로 이야기할 수 있지요. 아이들이 이해할 수 있는 수준의 지식 책, 에세이는 그 글의 핵심을 찾아내는 방법을 알려줄 수 있습니다. 아이들이 처음엔 어려워하지만 서너 번 하고 나면 흥미로운 '지적 스포츠'로 받아들입니다.

주도성으로 배우는 인간관계

아이가 독서를 통해 주도성을 느끼면 좋겠지만 그렇지 않을 수도 있습니다. 게임, SNS, 유튜브 동영상, 애니메이션, 스포츠, 덕질, 팬클럽에서 더 큰 주도성의 매력에 빠질 수 있습니다. 그런 경우 부모는 어떻게 해야 할까요? 아이들이 즐겨하는 게임, SNS, 유튜브 동영상, 애니메이션, 스포츠, 덕질, 팬클럽과 싸워서 이기는 부모를 아직 만나지 못했습니다. 아이가 그 분야에서 더 주도성을 발휘하고 있다면 부모는 아이의 선택을 존중해줘야 합니다.

아이는 주도성을 느끼는 일과 분야에서 세상과 인간관계의 패턴과 본질을 배웁니다. 독서를 통해 지식, 경험, 통찰을 배우듯 아이는 게임, SNS, 유튜브 동영상, 애니메이션, 스포츠, 덕질, 팬클럽을 통해서도 지식, 경험, 통찰을 배울 수 있습니다. 이것들이 책을 통해 지식과 식견을 습득하는 공부와는 형태가 다르기 때문에 부모는 불안을 느끼고 아이를 거기서 떼어놓으려고 합니다. 아이들을 이것들로부터 떼어놓는 것도 힘들지만 떼어놓는다고 해서 아이가 독서로 돌아오는 경우는 아주 드뭅니다.

오히려 아이가 주도성을 느끼는 분야를 부모가 흔연히 인정해주고 그 분야에 노력을 쏟는 것을 칭찬하고 격려해주는 것이 더 지혜로운 태도입니다. 아이는 주도성을 느끼는 분야에서 다양한 경험을 하면서 자신의 삶과 진로를 자연스럽게 거기에 겹치게 됩니다. 그 분야를 통해 자신이 살아갈 세상을 조망하고 가늠해봅니다. 그렇게 되면 아이가 다시 책으로 돌아올 가능성도 조금씩 생기게 되죠.

━━━━━━━━━━ **즐거운 책 읽기를 위한 길잡이 2** ━━━━━━━━━━

부모가 독서의 중요성을 강조하면서도 아이의 공부에 방해되지 않기를 바라는 이중적 태도를 버리자.

- 책 읽기에서 몰입과 열의를 불러오는 주도성을 발휘하게 하자.
- 아이가 좋아하는 책을 마음껏 골라 읽도록 배려하자.
- 아이가 책 내용을 충분히 이해하고 즐거운 독서를 하도록 돕자.
- 슬로리딩(Slow reading), 이야기 바꾸어 써보기, 요약하기를 부모가 함께 하자.

독서 주도성 발견하기

1. 이 작업은 아이의 고유한 특질을 찾고 어떻게 독서를 통해 주도성을 실현할 것
   인가를 부모가 아이와 함께 발견하는 과정입니다. 먼저 부모와 아이가 가위바
   위보를 합니다.

2. 이긴 사람이 진 사람에게 자신이 좋아하는 세 가지를 말합니다. 진 사람은 이긴
   사람이 좋아하는 세 가지 이유를 하나하나 묻고 공책에 적습니다. 전체 시간은
   10분을 넘지 않는 것이 좋습니다.

3. 진 사람은 자신이 공책에 적은 내용을 이긴 사람에게 들려줍니다. 이긴 사람은
   진 사람의 이야기를 통해 자신이 말한 것보다 훨씬 조리 있게 정리됐다는 사실
   을 발견합니다.

4. 이제 역할을 바꿔서 진 사람이 말하고 이긴 사람이 묻고 적습니다. 마찬가지로
   10분 이내로 시간을 맞추세요.

5. 이긴 사람이 공책에 적은 내용을 진 사람에게 들려줍니다.

6. 아이와 부모가 함께 각자 자기가 말한 이유 세 가지를 아래 칸에 적고 그것을
   마주 보며 이야기를 나눕니다(표의 괄호 안은 예시입니다).

내가 좋아하는 것들		
(야구)	(탐정소설)	(만화)

3. 주도성 독서 1—
슬로리딩, 이야기 바꾸기

딸은 이렇게 천천히 읽으니 언제 이 책을 다 읽을까 하는 강박증으로부터 자유로워진다고 이야기했습니다. 이렇게 넓게, 깊게 가지를 뻗어가며 책을 읽으니 지루함을 느낄 새가 없다고 했습니다. 스마트폰은 주로 SNS를 할 때 사용했는데, 이렇게 독서를 더 깊고 풍부하게 만드는 보조 수단으로도 쓸 수 있다는 사실이 기분 좋다는 반응이었습니다.

아이들이 주도성을 발휘할 수 있는 독서 방법으로 슬로리딩, 이야기 바꾸기, 요약 세 가지를 제시했습니다. 그 구체적 내용과 방법을 하나씩 살펴보겠습니다.

첫째, 슬로리딩입니다. 슬로리딩은 이미 여러 교육 현장과 가정에서 그 성과를 인정받고 있습니다. EBS는 몇 년 전 〈슬로리딩, 생각을 키우는 힘〉을 방영했습니다. '스스로 읽다' '오감으로 읽다' '생각의 문을 열다' 3부작으로 구성된 이 프로그램은 정보화 시대, 입시 위주의 교육 속에서 제대로 된, 효율적인 독서 방법을 제시하고 있습니다.

아이들은 입시 공부에 시달리고 있으며 스마트폰과 인터넷을 통해 과거에는 상상할 수 없을 만큼 과도한 정보를 주입받고 있습니다. 하지만 아이들은 안타깝게도 막대한 정보의 양에 비해 그것을 소화할 능력은 갖고 있지 못합니다. 영국의 정치사상가 에드먼드 버크는 "생각하지 않고 읽는 것은 씹지 않고 먹는 것과 같다"라고 말했습니다. 요즘 아이들의 정보 습득은 씹지 않고 폭식하는 것에 비유할 수 있죠.

제 딸이 대학입시 공부를 하는 과정을 옆에서 지켜보며 늘 안타까운 마음을 갖게 됐습니다. 학교, 학원, 과외 등 엄청난 시간을 들여 공부했지만 노력한 만큼 성과는 나지 않았습니다. 다른 친구도 그 정도 시간과 노력을 쏟으니까, 상대평가 방식 아래선 어지간하면 차이를 만들어낼 수 없는 구조였습니다. 다만 불안하니까 다른 친구가 하는 만큼 따라가는 것이었습니다.

책 읽는 기쁨, 생각하는 재미가 커지는 슬로리딩

저는 딸에게 일주일에 한 번 슬로리딩을 하자고 제안했습니다. 처음엔 시큰둥한 반응이었습니다. "솔직히 저는 지금 학원을 세 개나 다니기 때문에 매일 숙제하기도 버거워요. 특히 수학은 숙제를 다 하지도 못하는 경우가 빈번해서 스트레스를 받는데 의무적으로 해야 할 스케줄을 하나 더 늘리고 싶지 않아요. 좋은 의도로 하는 일인 줄 알지만 저한테는 좀 과하게 느껴지네요." 딸은 제게 이렇게 문자를 보냈습니다.

예상하지 않았던 것은 아니지만, 고민스러웠습니다. 그냥 넘어갈까, 아니면 그래도 한 번 더 설득할까? 그래서 이렇게 답장을 보냈습니다. "그렇구나. 너 힘든 거 아빠도 잘 알지. 이건 지금 하는 공부에 비슷한 걸 덧붙이는 게 아니라 네가 효율적으로 공부할 수 있는 방법을 찾기 위한 거라 생각해서 아빠가 제안한 거야. 부담이 됐다면 미안. 그런데 아빠랑 딱 세 번만 해보고 판단하면 어떨까? 일주일에 한시간씩만."

다행히 딸은 제 제안을 받아주었고 일요일 밤에 한 시간씩 슬로리딩을 하게 됐습니다. 공부를 단순히 양적으로 많이 하는 것보다 공부한 내용을 소화할 수 있는 수용 능력을 키워보자고 한 제 설득이 딸의 마음을 움직였습니다. 저는 슬로리딩을 통해 딸이 대입 공부로 잃어버렸던 책 읽는 기쁨, 생각하는 재미를 되찾길 바랐습니다.

딸과 저는 슬로리딩 교재로 미국 여성과학자 호프 자런이 쓴 『랩걸』(알마)을 선택했습니다. 『랩걸』은 저자의 흥미로운 인생 스토리가 담겨 있어 술술 읽히는 책입니다. 『랩걸』은 제 딸이 평소 어려워하는 과학의 세계를 쉽게 만날 수 있는 책이기도 했습니다. 다양한 예시와 비유들이 곳곳에 등장해 곱씹어 볼 대목이 많습니다. 『랩걸』은 페이지 곳곳에 보물을 잔뜩 숨긴 책입니다.

딸과 저는 먼저 『랩걸』 네댓 쪽을 소리 내어 읽습니다. 한 쪽씩 교대로 글자 한 자 한 자를 음미하며 읽습니다. 낭독은 시각만 사용하는 묵독과 달리 시각, 청각, 촉각 등 복수의 감각을 활용하기 때문에 집중도가 높아집니다. 소리를 냄으로써 책 내용이 머리뿐만 아니라 몸에까지 착 달라붙는 것 같습니다. 저와 딸이 번갈아 읽으니 책이 그려내고 있는 상황을 재현하는 연극을 하고 있는 느낌이 듭니다.

다 읽고 난 뒤 자유롭게 『랩걸』의 내용을 톺아봅니다. 시작 부분에 이 책의 주인공이자 화자인 자런이 어린 시절 아버지의 실험실에서 계산자를 갖고 노는 장면이 나옵니다. 자런은 계산자를 휘두르면서 성경 창세기편에서 아브라함이 아들 이사악을 희생제물로 바치기 위해 칼을 드는 장면을 떠올립니다.

저는 스마트폰에 있는 '가톨릭성경' 앱을 열어 창세기 22장 "아브라함이 이사악을 제물로 바치다" 부분을 읽습니다. 아브라함은 백 살에 아들 이사악을 얻습니다. 이사악은 아브라함과 그의 부인 사라에게 더할 수 없이 소중한 존재입니다. 어느 날 하느님이 아브라함에게 나타나 이사악을 모리야 땅으로 데려가 번제물(신에게 제사를 지낼 때 통째로 불에 태워 바치던 동물 등의 제물)로 바치라고 합니다.

아브라함은 아무런 저항도 의심도 하지 않고 하느님의 뜻대로 이사악과 번제물을 사를 장작을 실은 뒤 모리야 땅으로 길을 떠납니다. 아브라함이 모리야에 도착해 이사악을 번제물로 바치려고 할 때 하느님의 천사가 나타나 아브라함의 행동을 멈추게 하고 이사악을 통해 후손이 하늘의 별처럼, 바닷가의 모래처럼 번성하게 해주겠다고 약속합니다.

성경 읽기를 마친 뒤 저와 딸은 각자 드는 의문을 이야기합니다. 왜 하느님은 아브라함에게 이사악을 번제물로 바치라고 한 것일까? 왜 아브라함은 아무런 저항 없이 여호와의 말을 따른 걸까? 저는 예전에 읽었던 덴마크 철학자 키에르케고르의 『공포와 전율』이라는 책이 이 에피소드를 통해 부조리한 세계 속 인간의 삶을 그려냈다는 이야기를 딸에게 해줍니다.

고대 사람들은 인간의 생각과 판단으로 예측할 수도, 해석할 수도 없는 거대한 자연을 만났을 것입니다. 이스라엘 사람들이 살았던 사막은 지상의 어느 곳보다 거칠고 광막한 자연환경이었습니다. 기상 변화로 떼죽음을 당하고 하루아침에 삶터를 잃어버립니다. 고대인들은 이렇게 부조리한 상황을 만날 때 이를 절대자 신의 뜻으로 해석하고, 자연재해를 신의 분노로 받아들였을 가능성이 큽니다. 이를 키에르케고르는 절대자 앞에선 단독자의 실존으로 풀어냈습니다.

제 설명을 다 듣고 난 뒤 딸은 왜 하필 자런이 아버지의 실험실 계산자에서 아브라함과 이사악의 에피소드를 떠올렸느냐고 물었지요. 부모는 자식에게 자연환경 같은 존재라 할 수 있습니다. 자식은 부모를 통해 세계를 이해하고 받아들이는데, 이 관계가 자연환경처럼 불가피하고 부조리하고 이해할 수 없는 한순간으로 빠져들 수 있다는 암시가 아닐까, 추측해보았습니다.

딸은 실험실 내부를 묘사하는 표현에도 주목했어요. 크림색 반광택 페인트, 시멘트의 질감, 고무로 된 하단부 장식 패널, 묘비만큼 차가운 까만 작업대, 망치로 내려치거나 돌로 긁는 상상. 마치 읽는 사람이 실험실 한가운데 있는 듯한 착각을 불러일으킬 만큼 색, 소리, 질감 등 오감이 살아 있다고 하더군요.

책날개에 적혀 있는 저자 소개를 통해 자런이 미국 미네소타 출신이고 그의 집안은 노르웨이 이주민이란 사실을 알게 됩니다. 스마트폰으로 인터넷 검색창에 '미네소타'를 쳐보니 '나무위키'에 자세한 정보가 나옵니다. 미네소타는 미국 중북부, 오대호 주변에 위치한 주로 10월부터 5월까지 겨울이 지속될 만큼 아주 추운 지방이라고 하는군요.

미네소타 주민의 약 32.1퍼센트가 자런처럼 북유럽 국가인 노르웨이, 스웨덴, 핀란드, 덴마크 혈통의 이주민이고, 그래서 미네소타 연고의 NFL(National Football League : 미국 프로미식축구 리그)팀 이름이 '미네소타 바이킹스'라는 사실도 알게 됩니다. 예전에 제가 보았던 영화 〈정복자 펠레〉가 바로 기아와 가난에 시달리다 미국으로 이주한 북유럽 사람들을 다뤘다는 기억도 떠올렸습니다.

문장을 꼼꼼하게 뜯어보니 거리를 표현할 때 두루뭉술한 부사가 아닌, 정확한 숫자를 사용하고 있다는 특징도 발견하게 됩니다. 아빠 실험실에서 집까지 3킬로미터를 걸어가고 우리 마을의 길이는 6~7킬로미터에 불과하며 우리 집은 아빠가 자란 곳에서 네 블록, 엄마가 자란 곳에서 여덟 블록, 미니애폴리스로부터 160킬로미터. 숫자와 함께 고유명사를 정확하게 표현하는 것이 영미권의 글쓰기 문화라는 설명을 덧붙입니다.

딸은 이렇게 천천히 읽으니 언제 이 책을 다 읽을까 하는 강박증으로부터 자유로워진다고 이야기했습니다. 이렇게 넓게, 깊게 가지를 뻗어가며 책을 읽으니 지루함을 느낄 새가 없다고 했습니다. 스마트폰은 주로 SNS를 할 때 사용했는데, 이렇게 독서를 더 깊고 풍부하게 만드는 보조 수단으로도 쓸 수 있다는 사실이 기분 좋다는 반응이었습니다.

저는 평소에 딸과 진지한 이야기를 하기가 어려웠습니다. 이야기를 꺼낼 적절한 기회를 잡기가 일단 쉽지 않았고, 어찌어찌 기회가 돼 이야기를 시작하면 딸이 방어막을 먼저 치고 있다는 느낌이 들었습니다. 그러나 책을 매개로 대화를 나누니 자연스럽게 각자의 고민과 생각에 가닿았습니다.

딸이 종교에 관심이 많다는 걸 발견한 계기도 슬로리딩이었습니다. 어느 특정 종교를 믿는 신앙이 아니라 삶의 철학으로서 종교적 사고를 하는 것이 일단 흥미롭고, 앞으로 인생을 제대로 살아가는 데 유용할 것 같다며 '실용적 종교관'을 피력했습니다. 딸은 결국 슬로리딩 과정을 통해 종교학으로 자신의 진로를 결정했습니다.

일본 고베시 나다중고등학교 국어교사 하시모토 다케시는 교과서를 무시하고 중고등 6년 동안 『은수저』라는 소설책 한 권을 슬로리딩으로 수업했습니다. 그 결과 나다중고등학교가 도쿄대학교에 학생을 가장 많이 합격시킨 학교가 됐다는군요. 슬로리딩이 대학입시 공부에도 큰 효과가 있다는 사실을 입증하는 사례입니다. 최근 『공부머리 독서법』(최승필, 책구루)이란 책이 화제가 됐는데, 이 책에서도 슬로리딩을 활용한 문해력 키우기가 국어뿐만 아니라 영어, 수학 성적을 올리는 데 큰 효과가 있다는 사례를 제시하고 있습니다.

상상력을 기르는 이야기 바꾸기

둘째, 이야기 바꾸기입니다. 이야기 바꾸기는 책에 나온 주인공의 행동이나 선택을 바꿔서 상상해보는 겁니다. 아예 인물과 배경을 바꿀 수도 있습니다.

그림 형제의 동화 『빨간 모자』는 빨간 모자 소녀가 엄마의 심부름으로 할머니에게 포도주와 케이크를 갖다 드리러 숲길을 걸어가다 벌어지는 사건이 이야기의 뼈대입니다. 빨간 모자 소녀는 엄마의 신신당부를 잊어버리고 늑대의 유혹에 빠져 꽃을 꺾으러 샛길로 빠집니다. 그 사이 늑대는 빨간 모자 소녀를 흉내 내며 할머니 집에 들어가 할머니를 잡아먹고 빨간 모자 소녀까지 잡아먹습니다.

다행히 사냥꾼이 할머니 침대에서 코를 골며 잠든 늑대를 발견하고 늑대의 배를 갈라 할머니와 빨간 모자 소녀를 구합니다. 사냥꾼은 늑대의 배에 할머니와 빨간 모자 소녀 대신 돌을 채워 넣습니다. 빨간 모자 소녀가 '엄마가 허락하지 않는다면 다시는 혼자 길에서 벗어나지 않을 거야'라고 다짐하며 이 동화는 끝납니다.

여기서 두 가지 선택을 할 수 있습니다.

① 빨간 모자 소녀가 늑대의 유혹에 넘어가지 않고 할머니 집으로 향했다면?

② 늑대가 할머니 침대에서 코를 골며 잠들지 않고 곧장 숲으로 달아났다면?

①을 선택했다면 빨간 모자 소녀는 할머니 집에 도착해 할머니와 함께 늑대의 침입을 잘 막아낼 수 있었을까요?

②를 선택했다면 빨간 모자 소녀와 할머니는 영영 늑대의 배에서 나오지 못하게 되었을까요?

전혀 다른 이야기가 꼬리에 꼬리를 물고 펼쳐집니다. 그에 따라 동화가 주는 메시지도 달라질 겁니다. 아이에게 "네가 빨간 모자 소녀라면 어떻게 했을까?"라고 주인공이 되어 직접 행동을 선택하게 할 수도 있습니다.

• 슬로리딩

　└→ 한 글자 한 글자 음미하며 소리 내어 읽고 관련 자료를 찾아보며 내용 깊이 이해하기

• 낭독

　└→ 소리내어 읽기는 시각, 청각 등 복수의 감각을 활용해 집중도를 높임

• 이야기 바꾸기

　└→ 내가 주인공이 되어 이야기를 꾸며보고 주인공의 행동이나 선택을 바꿔서 상상해보기

슬로리딩

1. 아이들이 좋아하는 로알드 달의 소설 『마틸다』(시공주니어)로 슬로리딩의 예를 들어보겠습니다. 이 글의 시작 부분엔 주인공 마틸다가 친구들의 학기말 통지표를 곤충에 비유하며 상상 속에서 작성하는 장면이 나옵니다.

> 메뚜기가 배 부분에 청각기관을 갖고 있는데 베네사의 청각기관은 전혀 쓸모없다. 매미가 땅속에서 애벌레로 6년을 보내고 땅 밖으로 나와 6일을 보내는데 윌프레드는 아직도 번데기다.

2. 포털사이트에서 '메뚜기의 청각기관'을 검색해 봅니다. 더 나아가 곤충의 청각기관 전체를 파악해봅니다. 이렇게 곤충의 청각기관을 모두 찾아보면 『마틸다』는 정말 흥미로운 과학책이 됩니다.

   ➥ 메뚜기의 청각기관이 머리에 붙어 있지 않고 배에 있다는 건 아이에게 정말 신기한 일이다. 아이와 함께 인터넷을 검색하면 귀뚜라미와 여치는 앞다리에 청각기관이 있고 박각시나방류는 아랫입술 수염에 있다는 사실을 어렵지 않게 찾을 수 있다. 모기는 더듬이의 털에 청각기관이 있는데 10미터 안의 소리를 들을 수 있다.

3. 포털사이트에서 매미의 일생을 검색합니다. 요즘 도시의 아파트에선 매미를 쉽게 만날 수 있으니 아이들은 더욱 매미의 일생에 호기심을 가질 것입니다.

   ➥ 매미가 6년을 땅속에서 지내고 6일 만 땅밖에서 지낸다. 북아메리카의 어떤 매미는 17년을 땅속에서 애벌레로 지내기도 한다. 땅속 애벌레 상태일 때 과연 먹이를 먹는지, 먹지 않는지, 애벌레가 어떻게 딱딱한 땅을 뚫고 나무 위로 올라와 매미로 탈바꿈하는지 너무 궁금한 이야기가 이어진다.

4. 이렇게 꼬리에 꼬리를 물고 책 속에 숨겨진 재밌는 보물을 찾아보는 겁니다. 어지간한 정보는 인터넷을 통해 찾을 수 있습니다. 부모와 아이가 각자 정보를 찾고 그걸 함께 이야기 나눈다면 아이는 정보 찾기와 정보의 창의적 활용 방법을 자연스럽게 익히게 됩니다. 스마트폰과 인터넷으로 게임, 유튜브 동영상, SNS 외에도 다른 재밌는 일을 할 수 있다는 점도 깨닫게 될 겁니다.

이야기 바꾸기

1. 아스트리드 린드그렌의 소설 『내 이름은 삐삐 롱스타킹』(시공주니어)을 아이와 함께 읽습니다. 이 소설엔 변두리 낡은 집에 혼자 사는 아홉 살 여자아이 삐삐가 등장합니다. 엄마는 돌아가셨고 아빠는 바다를 항해하는 선장입니다. 이웃집 토미와 아니카가 삐삐의 친구가 됩니다.

2. 삐삐가 우리 동네로 이사 왔다면 어떤 일이 벌어질까요? 그래서 내 친구가 된다면 삐삐와 어떤 장난을 치고 놀까요?

   ➡ 괴짜 소녀 삐삐와 과연 친구가 될 수 있을까? 삐삐가 심한 장난을 치는데, 나도 즐거워하며 함께 장난을 칠 수 있을까? 엄마와 아빠에겐 삐삐를 어떻게 소개할까? 학교 친구들이 삐삐를 함께 만나자고 하면 어떻게 할까? 며칠 동안 집을 떠나 삐삐와 모험여행을 가면 어떨까? 삐삐와 함께 컴퓨터나 스마트폰을 갖고 놀 수 있는 놀이는 무엇이 있을까?

3. 원숭이 닐슨 씨 대신 우리 집 고양이나 강아지가 삐삐와 함께 산다면 어떤 다른 이야기가 펼쳐질까요?

   ➡ 삐삐는 닐슨 씨를 어깨에 늘 엊고 다니는데 고양이나 강아지도 삐삐와 어떻게 함께 다닐 수 있을까? 삐삐는 고양이나 강아지에게 어떤 먹이를 줄까? 닐슨 씨가 삐삐를 도와주기도 하는데, 고양이나 강아지라면 어떤 도움을 줄 수 있을까?

4. 이야기 바꾸기는 꼭 책만 고집할 필요는 없습니다. 영화, 애니메이션, 만화, 게임 등 이야기에 바탕을 둔 콘텐츠라면 모두 가능합니다. 아이들이 이런 것에 빠져 있을 때 부모는 이를 금지할 것이 아니라 적극적으로 함께하면서 거기에서 새로운 가치와 의미를 찾도록 도와줘야 합니다.

4. 주도성 독서 2—
요약하기

요약은 중요한 것과 덜 중요한 것을 선택해 분리하는 작업입니다. 이를 통해 각자 중요한 것의 기준이 드러나기 때문입니다. 부모와 아이가 서로를 알아가고 이해하는 소중한 경험이 될 것입니다.

요약하기로 꽃피우는 아이의 주도성

셋째, 요약입니다. 요약은 아이들이 가장 주도성을 잘 발휘할 수 있는 독서 프로그램입니다. 국립국어연구원의 『표준국어대사전』은 요약을 "말이나 글의 요점을 잡아서 간추림"이라고 정의하고 있습니다. 따라서 요약을 하면 책을 더 잘 이해하고 나아가 그 내용을 자신의 것으로 만들 수 있습니다. 요약은 글쓰기에도 큰 도움이 됩니다. 글쓰기에서 가장 중요한 것은 핵심을 뽑아내고 그것을 중심으로 구성을 짜는 것인데, 요약을 통해 그 방법을 체화할 수 있기 때문이죠.

그러나 요약은 부모에게도, 아이에게도 만만치 않은 공력을 들여야 하는 작업입니다. 부모와 아이가 수준에 맞는 쉬운 글을 골라 차

근차근 단계를 밟아나가야 합니다. 일종의 지적 스포츠이기 때문에 조금씩 난이도를 높여가면 운동을 할 때처럼 희열을 맛볼 수 있습니다. 어렵고 복잡한 글을 요약하는 것도 성공하면 그때부터 독서와 글쓰기는 새로운 단계로 접어들게 됩니다.

우리는 책이나 글을 하나의 선으로 파악합니다. 첫 문장에서 시작된 선은 두 번째 문장으로 이어지고 그렇게 계속 문장과 문장으로 연결돼 마지막 문장에서 선은 끝납니다. 이 선을 연결하는 법칙은 논리와 이야기 두 가지가 있는데, 이를 맥락이라 부릅니다. 맥락은 문장 하나하나의 드러난 뜻과 달리 글 전체를 관통하는 흐름이라고 할 수 있습니다. 책을 읽는 것은 결국 이 선을 따라가며 맥락을 파악하는 행위라 할 수 있지요.

그러나 우리의 독서력은 이 맥락을 온전히 파악하기 힘들어요. 정신을 집중할 때나 흥미로운 부분을 읽을 때는 부분적으로 맥락이 선명하게 기억됩니다. 그러나 정신이 산만해지거나 지루한 부분을 읽을 때는 맥락이 흐트러지거나 끊겨버리지요. 길을 걸어가다 갑자기 '지금 내가 어디를 가고 있지?' 어리둥절 헤맸던 경험과 비슷합니다.

그래서 한 권의 책, 한 편의 글을 읽은 뒤 온전히 맥락을 파악하는 사람은 아주 드뭅니다. 우리 머릿속에는 주로 조각조각 파편이 된 맥락이 남게 됩니다. 책을 다 읽은 뒤 파편을 이어 맥락의 퍼즐 가운데 빠진 부분을 채우기도 하지만 그렇지 못할 때가 더 많습니다. 맥락과 상관없이 파편만 기억해 책의 내용을 오해하거나 곡해하기도 합니다.

요약을 하면 책이나 글이 하나의 선이기도 하지만 집 같은 구조물이란 사실을 깨닫게 됩니다. 집의 지붕처럼 구조물 전체를 아우르는 정점이 있고 그 아래 지붕을 떠받치는 대들보, 서까래, 기둥, 벽체 등의 블록들이 있습니다. 집을 떠받치는 기초도 있고 바깥 풍경을 내다볼 수 있는 창문, 안팎을 드나들 수 있는 문도 있죠. 한 편의 글, 한 권의 책을 읽고 이렇게 한 채의 집이 보인다면 부모와 아이의 독서는 한층 유익하면서 유쾌한 일이 될 것입니다.

이렇게 구조물로 글을 이해하면 우리는 글에서 전혀 다른 것을 배울 수 있습니다. 다음 장에서 자세하게 언급하겠지만, 글을 선이나 파편으로 이해하는 것과 구조물로 파악하는 것은 서로 차원이 다른 경지입니다. 여행할 때 그냥 무작정 다니는 것과 지도 혹은 내비게이션을 이용하는 것 정도의 차이를 만듭니다.

지도와 내비게이션은 지금 내가 걷고 있는 지점이 여행하는 지역의 어느 부분인가를 알게 해줍니다. 그동안 걸어왔던 길과 앞으로 걸어갈 길의 연속적 맥락도 자연스럽게 떠올릴 수 있지요. 요약은 지금 내가 읽는 부분이 책이나 글 전체 구조의 어느 부분에 해당하는가를 늘 알게 해줍니다. 그렇게 되면 작가가 왜 이 부분에서 이런 내용, 이런 표현을 하고 있는지 그 전략적 의도까지 생각이 미치게 됩니다.

요약을 통해 파악하는 글의 구조

제 두 딸이 중학생, 초등학생이었을 때 매주 일요일 신문 칼럼이나 어린이 신문 기사를 갖고 요약을 했습니다. 20분 정도 각자 요약한 뒤 돌아가면서 읽습니다. 서로의 요약을 비교하면서 같은 점, 다른 점을 확인하는 거죠. 굳이 정답을 찾지 않아도 됩니다. 각자 요약한 것이 모두 정답이라고 생각하는 것이 좋습니다. 마음의 부담이 없어야 오래 할 수 있습니다.

물론 정답이 없는 것은 아닙니다. 사지선다형 문제처럼 확정적인 정답이 있는 것은 아니지만 정답에 가까운 일정한 범위가 있습니다. 요약을 계속하다 보면 점점 이 범위에 가깝게 다가가게 됩니다. 지속성이 정확성을 담보하는 최선의 길인 셈입니다.

두 딸과 요약을 할 때는 이야기가 강한 글(이하 이야기 글)과 논리가 강한 글(이하 논리 글) 두 갈래로 진행했습니다. 글에는 이야기와 논리 두 요소가 섞여 있는데 어느 한쪽이 더 강한가에 따라 제가 구분한 것입니다. 이야기 글은 동화를 활용했습니다. 논리 글은 주로 지식 책이나 신문 칼럼 등을 활용했습니다. 이야기와 논리 두 측면에서 요약 방법을 살펴보겠습니다.

먼저 이야기 글을 요약하는 방법부터 살펴보겠습니다. 먼저 이야기 글을 찬찬히 읽습니다. 다 읽고 난 뒤 결말이 무엇인지 파악합니다. 시작부터 마무리까지 모든 이야기가 결말을 향해 가고 있기 때문에 결말을 알아야 이야기를 정리하기가 수월해집니다. 결말은 대부분 책이나 글 맨 뒷부분에 있기 마련입니다.

결말을 알아낸 뒤 결말에 이르게 된 과정을 시간순으로 밟아갑니다. 아이가 이야기를 따라가며 읽은 순서와 반대로 추적해가는 것입니다. 시작부터 차례대로 이야기의 각 장면을 나누고 각각 어떤 내용인지 정리합니다. 장면 나누기와 내용 정리가 끝나면 각 장면이 어떻게 배열됐는지 살펴봅니다. 어느 장면에서 가장 위기가 고조됐는지, 어느 장면에서 극적인 전환이 이뤄졌는지 함께 이야기 나눠봅니다.

그림책 『곰 사냥을 떠나자』(헬린 옥슨버리 그림, 마이클 로젠 글, 시공주니어)엔 곰을 잡으러 가는 과정과 곰을 만난 뒤 집으로 도망치는 과정이 펼쳐집니다. 온 가족이 곰으로부터 도망쳐 집 안 침대에 숨으며 다시는 곰을 잡으러 가지 않겠다고 말하는 것이 결말입니다.

그렇다면 이런 결말을 만들어낸, 곰을 만나러 떠났다 돌아온 과정을 살펴볼까요? 풀밭을 헤치고 강물을 헤엄치고 진흙탕을 밟고 숲을 뚫고 눈보라를 헤치고 동굴 속으로 들어가 곰을 만났습니다. 막상 곰을 만나자 깜짝 놀라 도망치는데 이번엔 동굴-눈보라-숲-진흙탕-강물-풀밭 등 역순을 밟습니다.

이 그림책은 전체 구성이 U턴처럼 돼 있다는 사실을 금방 알게 되죠. 비슷한 설정에 배경만 계속 바뀌는 패턴도 찾아낼 것입니다. 이야기가 복잡한 것 같지만 알고 보면 단순한 원리에 의해 설계됐다는 점을 부모가 아이에게 알려주면 더 좋을 것입니다. 가장 위기가 고조된 장면은 무엇일까요? 곰을 만나 도망치는 순간입니다. 극적인 전환은 어느 부분일까요? 곰을 만나 도망치는 장면일 수도 있지만 다시는 곰을 잡으러 가지 않겠다고 결심하는 부분일 수도 있습니다.

다음 논리 글을 살펴보겠습니다. 크게 두 부분으로 살펴볼 수 있습니다. 먼저 그 글이 독자에게 전하고 싶은 용건이 있습니다. 그 용건은 독자의 결정이나 판단에 영향을 미치려고 하는 것입니다. 글 속엔 용건을 뒷받침하고 용건을 독자에게 설득하기 위한 근거와 이유가 있습니다. 그걸 찾아내면 됩니다.

아이들이 읽을 수 있는 논리 글은 우리나라 책에서 쉽게 찾기 어렵습니다. 그나마 어린이 과학책이나 자기계발서에서 요약에 적당한 예문을 만날 수 있습니다. 『지구를 구한 꿈틀이사우루스』(캐런 트래포드 글, 제이드 오클리 그림, 현암사)는 지렁이를 다루는 환경 동화입니다. 동화라는 타이틀을 달고 있지만 논리 글이 많습니다. "지렁이가 정말 중요한 이유는?"(p.54) 소제목 아래 전문을 읽어보겠습니다.

우리는 땅에 굴을 파고 살아요. 우리가 파놓은 굴은 자연스럽게 흙에 산소와 공기를 불어 넣어주는 통로가 된답니다. 우리가 배불리 먹고 나면 그 유명한 지렁이 응가를 싸지요.

내장을 거쳐서 나온 응가의 비밀을 잊지 않았겠죠? 놀랍게도 그 속에 미생물과 박테리아가 예쁘게 포장되어 들어 있다는 사실 말이에요. 과학자들이 관찰해 보니 기름진 흙에는 이로운 미생물이 엄청나게 우글거리고 있대요.

기름진 흙 속에는 미생물이 얼마나 많이 들어 있을까요? 단 1g의 흙 속에 미생물이 500만 마리가 넘게 살고 있더라는군요. 그러면 우리 지렁이 응가 1g 속에는 미생물이 몇 마리나 있을까요?

놀라지 마세요! 무려 1억 마리가 넘는 미생물이 있답니다. 그러니까 우리 지렁이 응가에는 기름진 흙보다 20배나 많은 미생물이 살고 있다는 말이지요.

그게 뭐 그렇게 대단한 일이냐고요? 대단한 정도가 아니라 마술처럼 놀라운 일이랍니다. 이 미생물이 흙으로 돌아오면 죽어가던 흙도 생명을 되찾기 때문이지요!

사실은 마술이 아니라 바로 자연의 힘이에요. 미생물은 식물이 영양분을 섭취하는 것을 도와줘요. 또 흙 속에 숨어 있는 나쁜 벌레와 싸워서 식물이 병에 걸리는 것도 막아준답니다.

이 미생물 덕분에 식물은 더 크고, 더 맛있고, 더 튼튼하게 자라게 됩니다. 그러니 모두 우리 지렁이한테 고마워해야 한다고요. 이 미생물을 흙 속에 퍼뜨린 건 우리잖아요!

이 글의 용건은 무엇일까요? '지렁이한테 고마워해야 한다'입니다. 그러면 자연스럽게 이런 질문을 떠오릅니다. '왜 고마워해야 하지?' 이 질문에 대한 답이 바로 근거와 이유입니다.

근거와 이유를 찾아볼까요? 첫째, 땅에 굴을 파서 흙에 산소와 공기를 불어넣습니다. 둘째, 미생물이 많이 들어 있는 응가를 싸 식물이 영양분을 섭취하는 것을 도와줍니다. 셋째, 나쁜 벌레와 싸워서 식물이 병에 걸리는 것을 막아줍니다.

어떻습니까? 지렁이에게 고마워해야 하는 이유가 선명하게 드러나죠? 저절로 고마움이 느껴지죠? 이렇게 요약하고 나면 아이가 흐릿하게 알았던 글의 논점과 구조를 또렷하게 파악하게 됩니다. 이제 아이는 누구에게나 지렁이가 고마운 이유를 설득력 있게 말하거나 글로 쓸 수 있습니다.

요약할 때는 부모와 아이가 각자 해보는 것이 좋습니다. 서로의 요약문을 비교해 읽어가며 무엇이 같고 무엇이 다른지를 파악하는 것도 흥미롭습니다. 이것을 통해 아이와 부모가 각각 무엇을 중요하게 여기는지 서로 알게 됩니다. 요약은 중요한 것과 덜 중요한 것을 선택해 분리하는 작업입니다. 이를 통해 각자 중요한 것의 기준이 드러나기 때문입니다. 부모와 아이가 서로를 알아가고 이해하는 소중한 경험이 될 겁니다.

이야기 글 요약

1. 『책 먹는 여우』(프란치스카 비어만, 주니어김영사)를 부모와 아이가 함께 읽고 이야기의 결말을 먼저 찾습니다.
   ➡ 여우 아저씨가 유명 작가가 됐고 대단한 부자가 됐다.

2. 그렇다면 여우 아저씨가 어떻게 유명 작가에 부자가 됐는지 그 과정을 살펴볼까요?
   ➡ 여우 아저씨는 다 읽은 책에 소금과 후추를 쳐서 먹는다. 그렇게 먹다 보니 빈털털이가 됐고 결국 도서관의 책을 몰래 훔쳐 먹다가 사서에게 들켜 도서관 출입을 금지당한다.
   　여우 아저씨는 배고픔을 견디지 못해 마침내 길모퉁이 서점의 책을 훔친다. 경찰에 잡혀 감옥에 갇히는데 거기서 스스로 책을 쓰는 기막힌 아이디어가 떠오른다. 교도관 빛나리 씨가 여우 아저씨 글의 가치를 발견하고 책을 출판해 베스트셀러가 되고 영화까지 만들어진다.

3. 이 책에서 가장 위기가 고조된 장면은 무엇일까요?
   ➡ 서점에서 책을 훔쳐 감옥에 갇히는 장면

4. 이 책에서 극적인 전환점을 이루는 장면은 어디일까요?
   ➡ 여우 아저씨가 자신의 글을 쓰기 시작한 장면

5. 왜 여우 아저씨는 유명 작가가 될 만큼 글을 잘 쓰게 됐을까요?
   ➡ 책을 많이 먹었기 때문에, 혹은 감옥에 갇혀 책을 너무 먹고 싶었기 때문에

6. 1, 2, 3, 4, 5를 토대로 요약 글 작성하기

논리 글 요약

1. 법정 스님의 책 『무소유』에 나오는 "설해목(雪害木)"을 읽습니다. 설해목은 눈의 무게를 이기지 못해 부러지는 나무라는 뜻입니다.

해가 저문 어느 날, 오막살이 토굴에 사는 노승 앞에 더벅머리 학생이 하나 찾아왔다. 아버지가 써준 편지를 꺼내면서 그는 사뭇 불안한 표정이었다.

사연인즉, 이 망나니를 학교에서고 집에서고 더이상 손댈 수 없으니, 스님이 알아서 사람을 만들어달라는 것이었다. 물론 노승과 그의 아버지는 친분이 있는 사이였다.

편지를 보고 난 노승은 아무런 말도 없이 몸소 후원에 나가 늦은 저녁을 지어왔다. 저녁을 먹인 뒤 발을 씻으라고 대야에 가득 물을 떠다 주었다. 이때 더벅머리의 눈에서는 주르륵 눈물이 흘러내렸다.

그는 아까부터 훈계가 있으리라 은근히 기다려지기까지 했지만 스님은 한마디 말도 없이 시중만을 들어주는 데에 크게 감동한 것이다. 훈계라면 진저리가 났을 것이다. 그에게는 백천 마디 좋은 말보다는 다사로운 손길이 그리웠던 것이다.

이제는 가고 안 계신 한 노사(老師)로부터 들은 이야기다. 내게는 생생하게 살아 있는 노사의 모습이다.

산에서 살아 보면 누구나 다 아는 일이지만, 겨울철이면 나무들이 많이 꺾인다. 모진 비바람에도 끄떡 않던 아름드리나무들이, 꿋꿋하게 고집스럽기만 하던 그 소나무들이 눈이 내려 덮이면 꺾이게 된다. 가지 끝에 사뿐사뿐 내려 쌓이는 그 가볍고 하얀 눈에 꺾이고 마는 것이다.

깊은 밤, 이 골짝 저 골짝에서 나무들이 꺾이는 메아리가 울려올 때, 우리들은 잠을 이룰 수 없다. 정정한 나무들이 부드러운 것 앞에서 넘어지는 그 의미 때문일까. 산은 한겨울이 지나면 앓고 난 얼굴처럼 수

척하다.

사밧티의 온 시민들을 공포에 떨게 하던 살인귀 앙굴리말라를 귀의시킨 것은 부처님의 불가사의한 신통력이 아니었다. 위엄도 권위도 아니었다. 그것은 오로지 자비였다. 아무리 흉악무도한 살인귀라 할지라도 차별 없는 훈훈한 사랑 앞에서는 돌아오지 않을 수 없었던 것이다.

바닷가의 조약돌을 그토록 둥글고 예쁘게 만든 것은 무쇠로 된 정이 아니라, 부드럽게 쓰다듬는 물결이다.

2. 이 글의 용건을 찾아보세요.
　➜ 바닷가의 조약돌을 그토록 둥글고 예쁘게 만든 것은 무쇠로 된 정이 아니라, 부드럽게 쓰다듬는 물결이다.

3. 이 용건이 전달하고 싶은 의미는 무엇일까요?
　➜ 사람을 변화시키는 것은 부드러운 사랑의 힘이다.

4. 근거와 이유를 찾아보세요.
　➜ • 망나니였던 더벅머리 학생의 발을 씻겨주던 노사의 이야기
　　• 아름드리 나뭇가지를 꺾는 것은 가벼운 눈
　　• 살인귀 앙굴리말라를 귀의시킨 부처님의 자비
　　• 바닷가 조약돌을 둥글게 만드는 것은 부드러운 물결(용건이면서 근거 이유)

5. 2, 3, 4를 토대로 요약 글을 작성한다.
　➜

5. 책에서 얻어야 할
가장 중요한 것은?

아이들은 한평생 살아가면서 누군가를 설득해야 합니다. 설득을 잘할수록 기회와 성공이 찾아올 가능성이 커집니다. 설득을 잘할수록 인간관계가 풍성하고 부드러워집니다. 행복의 제일 조건이 여기서 나옵니다. 설득의 방법이야말로 가장 큰 배움입니다. 이 큰 배움을 독서와 요약이라는 사소한 행위로 얻을 수 있다는 것은 정말 다행스러운 일입니다.

독서를 통해 얻을 수 있는 것은 무엇일까요? 몰입, 재미, 감동, 통찰, 지식. 아마 이런 것들이겠죠.

독서가 즐겁지 않다면 그 까닭은 책에 몰입하기까지 몇십 분의 시간을 견뎌내지 못했기 때문입니다. 막상 손에 책을 들었지만 우린 곧장 책 속으로 뛰어들지 못하고 그 언저리를 맴돌기만 합니다. 슬금슬금 뒷걸음치거나 옆길로 자꾸 새려고 하죠.

글을 쓸 때도 마찬가지 현상이 벌어집니다. 그 순간을 잘 넘겨야 합니다. 그 고비만 지나면 이내 책에 몰입하게 되고 충만감이 늑골까지 서서히 차오르는 걸 느낄 수 있습니다. 그런 뒤에야 독서는 자전

거를 타고 내리막길을 달리는 것처럼 신나고 쉬워집니다. 가속력까지 붙어 잠깐 사이에 꽤 많은 분량을 읽어 젖히게 됩니다.

몰입도를 높이는 낭독

아이들이 한두 시간이라도 이 몰입을 맛본다면 그 즐거움을 결코 잊지 못할 겁니다. 부모는 아이가 몰입하기 적절한 책을 고르고 몰입하기 좋은 환경을 만들어줘야 합니다. 앞서 언급한 주도성 독서법도 결과적으로 아이들을 책에 몰입하게 만들기 위한 방법입니다.

아이가 몰입을 어려워한다면 소리 내어 읽어보도록 하는 것도 좋은 방법입니다. 눈으로 글자를 보고 입술, 입안, 이, 혀, 목구멍으로 소리를 내어 청각과 몸통을 울리게 하는 것은 오감을 오롯이 책에 집중시키는 독서법입니다. 이런 낭독 독서는 이미 오래전부터 그 효과가 입증됐습니다.

낭독은 혼자보다 여럿이 하는 것이 더 좋습니다. 제 두 딸이 한동안 책 읽는 것을 어려워했습니다. 초등학교 때는 제법 책을 읽다가 중학교, 고등학교로 넘어가면서 책과 멀어졌습니다. 학교 공부에 대한 부담감 때문에 쉽사리 소설책이나 일반 단행본에 손을 뻗지 못했던 거죠. 제가 아내와 두 딸을 설득해 주말마다 한 시간씩 돌아가면서 책을 읽자고 했습니다.

그렇게 해서 『미움받을 용기』(기시미 이치로, 고가 후미타케, 인플루엔

설),『82년생 김지영』(조남주, 민음사) 등을 읽었습니다. 네 명이 돌아가면서 한 쪽씩 읽습니다. 한 사람이 한 시간 동안 다섯 번에서 여섯 번 정도 읽기 때문에 20~25쪽 분량을 낭독하게 됩니다.

『미움받을 용기』는 묻고 답하는 대화체로 돼 있어 마치 우리 가족이 대화를 나누는 것 같은 느낌이 들었습니다. 차마 직접 물어보진 못했지만, 두 딸이 그 시기에 갖게 되는 자존감의 문제, 정신적 고통을 책이 대신 물어봐 주었고 책이 대신 대답해주었습니다. 책을 다읽은 다음 한마디씩 나누는 순서에선 지나치게 메시지나 교훈을 전달하려는 의도를 주지 않기 위해 제 주장보다 딸들의 느낌을 존중했습니다.

『82년생 김지영』을 함께 읽은 경험은 우리 가족이 젠더 고민을 풀어나가는 데 큰 도움이 되었습니다. 막연하게 생각했던 가족 내 젠더의 문제를 구체적으로 이해하는 계기가 됐습니다. 자연스럽게 가사 분담이나 가족 내 역할에서 성평등을 실현하는 방향으로 변화하는 계기가 된 것이지요. 한참 페미니즘에 몰두했던 둘째 딸에게도 여성이 우리 사회에서 겪는 차별의 구체적 현실을 파악하는 좋은 텍스트였습니다.

이야기 시뮬레이션 이론

재밌는 소설을 읽는 건 아이에게 어떤 유익함이 있을까요?『스토리텔링 애니멀』(조너선 갓셜, 민음사)이란 책에서 저자는 이렇게 말하고 있습니다. "우리가 이야기에 사정없이 빠져드는 이유는 이야기가 인류의 생존에 유익하기 때문이다." 이 책은 일종의 '이야기 시뮬레이션 이론'을 제시합니다. 이는 전투기 조종사가 위험한 실전 연습 대신 안전한 시뮬레이터로 훈련하는 것처럼, 이야기를 통해 일상에서 맞닥뜨리는 온갖 사건을 안전한 머릿속에서 부딪치며 대응 능력을 키운다는 거죠.

재밌는 소설은 꽃이나 열매 같은 역할을 합니다. 꽃은 아름다운 모양과 향기로 벌과 나비를 유혹합니다. 벌과 나비는 한껏 꽃가루와 꿀을 모으고 그 결과 꽃이 수정됩니다. 열매는 달콤한 과육으로 새나 들짐승을 끌어당깁니다. 그들은 마음껏 열매를 따 먹고 그 결과 열매 속에 든 씨앗은 더 넓은 지역에 퍼지게 됩니다. 아이는 그냥 재밌게 한 편의 소설을 읽었을 뿐인데, 저도 모르게 삶에 필요한 지혜를 생각의 창고에 쌓게 됩니다.

둘째 딸은 중학교 1학년 때부터 페미니즘에 깊은 관심이 있었습니다. 페미니즘 관련 서적을 읽고 유튜브 동영상이나 SNS에서 관련 콘텐츠를 즐겨 봤습니다. "Feminism is Humanism(페미니즘은 휴머니즘이다)"이란 글씨가 크게 박힌 티셔츠를 입고 다니길 좋아했지요.

어느 날, 둘째가 가족회의를 요청했습니다. 요즘 학교생활이 너무 힘들다는 푸념이었습니다. 학교를 계속 다녀야 할 의미를 찾지 못하겠다며 자퇴를 하고 싶다고 이야기했습니다. 우리 가족은 아이가 즐겁게 학교생활을 잘하고 있는 줄로만 알고 있었기 때문에 충격이 컸습니다.

둘째는 학교에서 선생님이나 친구들이 성평등에 어긋나는 말이나 행동을 하면 적극적으로 지적하거나 비판했습니다. 시간이 갈수록 선생님들 사이에서 당돌하고 버릇없는 아이가 됐고 친구들 사이에서도 저 혼자 잘난 척하는 외톨이가 됐습니다. 둘째는 분명 자신이 옳은 행동을 하고 있음에도 공감하기는커녕 진지하게 들어주는 사람 하나 없다고 푸념했습니다.

둘째의 상황이 너무 안쓰럽고 공감이 됐지만, 그렇다고 학교를 그만두게 할 순 없었습니다. 아동신경정신과 의사인 후배에게 고민을 털어놓았습니다. 후배는 둘째에게 소설을 많이 읽히라고 했습니다.

후배는 소설이 주는 유익함을 이렇게 설명했습니다.

이야기는 정답을 말하기보다 '저런 상황이라면 나는?'이란 질문을 떠올리게 해요. 그래서 아이가 그 질문을 많이 할수록 삶의 모순과 인간의 유한함에 대해 더 깊고 유연한 태도를 갖게 되죠. 변화에 대한 적응력과 관계의 포용성은 아이가 삶을 살아가는 데 아주 소중한 바탕입니다.

감동은 어떤 순간에 오는 것일까요? 감동은 수력발전의 원리와 비슷합니다. 낙차가 커야 합니다. 아이의 예상치와 책의 결과치 차이가 클수록 감동도 커집니다. 책을 얼마쯤 읽다 보면 아이는 이야기의 궤적이 어떤 방향, 어떤 경로를 향할 것이라 예상합니다. 예상한 궤적대로 진행된다면 아이는 어떤 반응을 보일까요? "에이, 시시해." 이런 소리가 나올 수밖에 없습니다.

예상하지 않았던 방향, 예측할 수 없었던 경로로 궤적이 그려져야 전율과 함께 감동이 밀려옵니다. 아이는 이런 경험을 통해 생각과 감정의 경계선을 조금씩 넓혀갑니다. 아이가 이런 경험을 자주 하지 못한다면 뻔한 생각, 고리타분한 통념에 자신을 가두게 될 것입니다. 감동에 예민할수록 아이의 창의성은 더욱 높아집니다.

아주 드라마틱하거나 신기한 이야기만 감동을 주는 것은 아닙니다. 이순신 장군을 다룬 김훈의 소설 『칼의 노래』(문학동네)를 예로 들어보겠습니다. 소설을 읽지 않은 사람은 영화 〈명량〉을 떠올려도 좋아요. 이순신 장군이 전쟁 중 왜적의 총탄에 맞아 전사한다는 사실을 우리는 대부분 알고 있습니다. 그런데도 우리는 책이나 영화의 마지막 장면에서 깊은 감동에 몸을 떨지 않을 수 없습니다. 왜 이런 일이 벌어진 것일까요.

『칼의 노래』와 〈명량〉은 그동안 전해져온 이야기를 되풀이하는 데서 그치지 않습니다. 한 단계, 두 단계 더 들어갑니다. 엄청난 전공을 세웠음에도 불구하고 선조와 조정 대신의 시기와 질시를 받는 이순신이 전쟁에서 자신의 역할이 끝나면 삶을 정리해야겠다는 암시를 작가는 이야기 곳곳에 복선으로 깔아둡니다.

이순신의 전사는 겉보기엔 타살이지만 속사정까지 짐작하면 자살일 수도 있다는 점을 독자에게 강하게 암시합니다. 모든 것을 다 바치고 엄청난 전승을 거뒀지만 무능한 왕과 집권 세력의 질투와 시기에 희생당하는 영웅 서사로 새롭게 탄생한 것입니다.

생각의 틀을 깨는 통찰

사람들은 자신의 경험에 따라 생각의 패턴을 만듭니다. 그것이 상식, 고정관념, 통념입니다. 이 패턴에 따라 앞으로 일어날 것들의 방향과 경로를 예상합니다. 책을 읽을 때도 마찬가지로 이 패턴이 작동합니다.

어른은 이 패턴이 강하게 작동하고 아이는 약하게 작동합니다. 어른은 어지간하면 이 패턴을 벗어나려고 하지 않습니다. 그러나 아이는 손쉽게 패턴을 벗어버릴 수 있습니다. 통찰은 이 패턴을 깨는 일입니다.

『강아지똥』(권정생 글, 정승각 그림, 길벗어린이)은 골목에 버려진 강아지똥의 서글픈 신세 한탄에서 시작됩니다. 강아지똥은 스스로를 더럽고 아무짝에도 쓸모없는 존재라 여기죠. 그러다 민들레 씨앗을 품고, 민들레를 꽃 피우고, 민들레를 꼭 껴안고 사라집니다. 뿌리로, 줄기로, 꽃봉오리로 스며들어 다시 태어난 겁니다. 이 책을 통해 강아지똥은 더럽고 쓸모없다는 아이의 익숙한 생각의 패턴이 깨집니다.

감동과 통찰은 거의 비슷한데, 굳이 나누자면 감동은 감성적 반응에 가깝고 통찰은 이성적 반응에 가깝습니다.

몰입, 재미, 감동, 통찰로 독서의 유익함을 살펴봤습니다. 그러나 아이들이 책에서 얻을 수 있는 가장 큰 유익함은 다른 곳에서 발견할 수 있습니다. 저는 그것을 '설득의 방법'이라고 부릅니다.

한 권의 책은 저자가 독자를 설득하기 위해 치밀한 전략적 계산에 따라 쓰인 것입니다. 저자가 전하려고 하는 내용을 독자가 수용할 수 있도록, 나아가 공감과 동의라는 적극적 반응까지 보일 수 있도록 구조를 짜는 것입니다. 그런데 이 구조는 그냥 읽어서는 발견하기 어렵습니다. 요약을 해야 이 구조를 제대로 발견할 수 있습니다. 제가 주도성 독서에서 요약을 강조한 이유가 여기 있습니다.

아이들은 한평생 살아가면서 누군가를 설득해야 합니다. 학교에선 선생님과 친구들을 설득하고 직장에선 상사와 동료, 거래처나 협력사 관계자를 설득해야 합니다. 가정을 이루고 난 뒤엔 배우자를 설득하고 자녀를 설득해야 합니다. 설득을 잘할수록 기회와 성공이 찾아올 가능성이 커집니다. 설득을 잘할수록 인간관계가 풍성하고 부드러워집니다. 행복의 제일 조건이 여기서 나옵니다.

설득의 방법이야말로 가장 큰 배움입니다. 이 큰 배움을 독서와 요약이라는 사소한 행위로 얻을 수 있다는 것은 정말 다행스러운 일입니다.

- 낭독을 통해 얻는 몰입

  └→ 혼자보다 여럿이 하는 낭독은 몰입도를 높인다.

- 이야기를 읽을 때 느끼는 재미

  └→ 이야기를 통한 간접체험으로 생활 속 대응능력을 키운다.

  → 이야기 시뮬레이션 이론

- 다양한 경험을 통한 감동

  └→ 감동에 예민한 아이는 창의성도 높아진다.

- 생각의 패턴을 깨는 통찰

  └→ 평소에 하던 생각의 틀에서 벗어나 이성적으로 생각하며 사고력
  을 키운다.

3장

말 잘하는 아이

1. 말을 잘한다는 것은

말에는 용건이 있고 그 용건을 상대방에게 설득하기 위한 근거가 필요합니다. 용건은 타당하고 근거는 구체적이고 생생해야 누군가를 설득할 수 있지요. 부모가 아이들과 대화할 때 용건은 타당한지 살펴보고 구체적이고 생생한 근거를 제시할 수 있도록 이끄는 것이 무엇보다 중요합니다.

말을 잘하는 사람들은 다른 사람에게 부러움을 삽니다. 말을 잘하면 삶을 살아가는 데 여러 가지 이로운 점이 많기 때문이겠죠. 우리는 누군가와 관계를 맺으며 공부하고 놀고 일합니다. 말을 잘하면 이런 관계에서 주도적인 역할을 할 수 있습니다. 어떤 상황을 맨 앞에서 이끌어보면 더 큰 경험을 할 수 있고 더 큰 성과를 낼 수 있습니다. 당연하게도 이런 체험이 십 년, 이십 년 쌓이면 커다란 인생의 차이를 만들어내겠지요.

달변가는 말을 잘하는 사람일까?

말을 잘하기 위해 많은 사람들이 다양한 노력을 기울입니다. 지금은 열기가 가라앉았지만 과거엔 초등학생부터 취업준비생까지 웅변학원을 다니는 사람이 많았습니다. 선거에 출마하거나 중요한 발표를 앞둔 사람들은 속성으로 스피치 트레이닝을 받기도 합니다. 회사에서 직무 교육의 하나로 프리젠테이션이나 스피치 방법을 교육받기도 하지요.

이런 교육은 전달력을 높이기 위해 발표자의 발성, 표정, 몸짓 등을 지적하고 개선할 점을 알려주는 방식으로 진행됩니다. 여러 사람 앞에 섰을 때 느끼는 불안과 공포를 극복하는 방법을 알려주기도 하지요. 한마디로 자신 있게 자신의 생각을 말로 표현하는 요령을 가르칩니다.

그러나 아쉽게도 말하기 교육은 말의 내용에 대해선 큰 관심을 두지 않습니다. 말을 전달하는 사람의 태도에 집중할 뿐, 전달할 말의 내용은 말하는 사람이 알아서 준비해야 할 사항이라고 보는 듯합니다. 말을 잘하는 것은 그 내용보다 태도에 따라 좌우된다는 통념에서 이런 흐름이 비롯된 게 아닌가 싶습니다.

말을 잘하는 사람을 달변가라고 합니다. 달변가는 정말 말을 잘하는 사람일까요? 국어사전엔 달변가를 "말을 능숙하고 막힘이 없이 잘하는 사람"으로 정의하고 있습니다. 맞습니다. 달변가는 머뭇거리지 않고 끊기지 않고 쉴 새 없이 말을 쏟아내는 사람입니다. 그러나 말의 내용은 따지지 않습니다.

제가 기억하는 최초의 달변가는 어린 시절 동네에 찾아온 약장수였습니다. 약장수는 공연도 하고 약도 파는데 서너 시간 동안 끝없이 말을 쏟아냅니다. 곧 신기한 마술과 재주를 보여줄 것처럼 사람들을 유혹합니다. 그 말 때문에 사람들은 약장수 곁을 떠나지 못합니다. 그러나 마술과 재주는 끝내 보여주지 않고 얼렁뚱땅 말로 눙치며 넘어가죠. 그리고 사람들에게 만병통치라며 약을 팝니다. 사람들은 무엇에라도 홀린 듯 약을 산 뒤, 나중에 후회하지만 이미 약장수는 떠난 뒤입니다.

이제 약장수는 사라졌지만 약장수 같은 달변가는 더 많아졌습니다. 말로 설득하거나 동의를 구하는 것이 아니라 말로 홀리는 사람들이 TV와 신문, 인터넷과 SNS에 넘쳐납니다. 이런 달변가들이 크게 인기를 끌고 사람들에게 큰 영향력을 행사합니다. 이렇게 달변가는 잠시 사람들을 현혹할 수 있습니다. 하지만 끝까지 사람들을 속일 순 없습니다. 달변가의 말이 공허할 뿐만 아니라 가식과 허위로 가득 찼다는 사실이 밝혀지는 순간, 그는 양치기 소년 같은 처지가 되고 맙니다.

말을 잘한다는 것은

말을 잘하는 것의 진정한 의미는 무엇일까요? 전하려고 하는 용건은 타당하고, 그 용건을 설득하기 위한 근거와 이유는 구체적이고 생생해야 합니다. 용건, 이유와 근거를 갖추는 방법을 알아야 말을 잘할 수 있습니다.

장난감 가게에서 아이는 엄마한테 이렇게 말합니다. "엄마, 나 티라노사우루스 피규어 사줘!" 엄마는 "안 돼"라고 대답합니다. 그러면 아이는 떼를 쓰거나 심한 경우 장난감 가게 바닥에 드러눕습니다. 아이와 엄마의 대화는 용건만 주고받았을 뿐 협상은 결국 결렬됐습니다.

앞으로는 엄마가 아이에게 이렇게 말하면 좋겠습니다. "왜, 이 피규어를 사려고 하지?"라고 이유를 묻는 것입니다. 아이는 처음엔 당황할 것입니다. 그러나 티라노사우루스를 얻기 위해 아이는 온갖 궁리를 짜내겠지요. 그런 과정을 통해 자신의 행동이 어떤 동기나 요구에서 비롯됐는지 차츰 알아가게 될 것입니다. 그리고 엄마와 아빠를 비롯한 다른 사람에게 무엇인가를 요청하거나 요구할 때 단지 용건만 말해선 원하는 것을 얻을 수 없다는 사실을 깨닫게 될 것입니다.

용건만 말해도 엄마와 아빠가 척척 알아서 해준다면 아이는 자신의 행동에 대해 스스로 동기를 부여하는 기회를 갖지 못하겠죠. 열심히 공부하는 이유도, 열심히 일하는 이유도 모른 채 자기 앞에 깔려 있는 삶의 경로를 관성적으로 따라갈 것입니다. 그런 삶에서 만족과 보람을 느끼기 어렵습니다. 다른 사람과의 관계에서도 문제가 생길 수밖에 없지요. 다른 사람을 설득할 필요성도 느끼지 못하고 그 방법도 알지 못할 테니 사람과 어울리거나 협력하는 것도 원활하지 않을 겁니다.

영화 〈빌리 엘리어트〉를 보면 빌리가 권투 대신 발레를 하는 걸 아빠에게 숨기고 있다가 들키자 아빠는 빌리를 호되게 나무라며 이렇게 말합니다. "남자는 축구나 권투나 레슬링을 해야지, 발레는 여자가 하는 거야." 여기서 빌리는 자신의 뜻을 분명하게 아빠한테 전달합니다. "발레가 어때서요? 발레 무용수도 운동선수예요."

"발레가 어때서요?"는 아빠의 반대에도 불구하고 발레를 계속하겠다는 빌리의 의지 표현으로 용건에 해당합니다. "발레 무용수도 운동선수예요"는 발레를 여자만 하는 게 아니라 남자도 할 수 있는 운동 같은 것이라는 항변입니다. 용건에 대한 근거 제시입니다. 빌리가 이 순간 아빠에게 자신의 뜻을 용건과 근거로 분명하게 말하지 않았다면 이 영화 결말에서 멋지게 등장하는, 〈백조의 호수〉에서 주연을 맡은 발레리노 빌리 엘리어트는 탄생하지 않았을 겁니다.

용건, 근거, 이유 갖춰 말하기

1. 아이가 일상적으로 하는 말에서 용건을 찾아보고 거기에 맞는 근거와 이유를 제시해보는 연습을 합니다. (게임)

아이   나 게임 할래요.

부모   왜 게임이 하고 싶니?

아이   게임은 재밌잖아요.

부모   또 다른 이유가 없을까?

아이   음, 게임을 하면 순발력이 좋아지는 것 같아요. 어떤 상황이 발생했을 때 빠르게 대응할 수 있으니까요.

부모   그렇구나. 게임에서 이겨야 하니까, 작전을 짜는 능력도 생기겠네.

아이   맞아요. 머리를 써야 해요.

부모   그런 능력을 전략적 사고라고 하는 거야.

아이   정말요?

부모   게임에 좋은 점만 있는 게 아니라는 건 너도 알고 있지?

아이   그럼요. 저도 그런 건 가려서 볼 줄 안다고요.

2. 아이가 일상적으로 하는 말에서 용건을 찾아보고 거기에 맞는 근거와 이유를 제시해보는 연습을 합니다. (치킨)

아이   치킨 먹고 싶어요.

부모   이틀 전에도 먹었는데.

아이   그래도 먹고 싶어요.

부모   왜 그렇게 자주 치킨이 먹고 싶을까?

아이 친구들이 새로 나온 뿌링클 치킨이 정말 맛있다고 하더라고요.

부모 어떤 맛이니?

아이 첫맛은 새콤하고 그다음 달콤하면서 매콤하다네요. 많이 먹어도 질리지 않는대요.

부모 아직 먹지도 않았는데, 정말 실감나게 표현하네. '콤'이 세 개 들어간 맛이구나.

아이 하, 정말 그러네요.

부모 엄마 아빠도 그런 편이지만, 왜 채소보다 치킨 같은 게 더 맛있을까?

아이 고기니까 더 맛있죠. 채소는 주로 삶는데 이건 튀기잖아요.

부모 오, 정말 설득력 있는 이유네.

아이 저는 맛있는 치킨을 매일 먹고 싶어요.

부모 몸에 좋은 건 매일 먹어도 되지만, 치킨을 매일 먹으면 건강을 해칠 수도 있을 것 같은데…….

2. 아이는 두괄식으로, 부모는 미괄식으로

글을 쓰거나 대화를 할 때 용건이 맨 앞에 올 때 두괄식, 맨 뒤에 올 때 미괄식이라 부릅니다. 말을 하거나 대화를 나누는 상황과 내용에 따라 적절한 전개 방식을 선택하는 것이 좋습니다. 부모와 아이의 대화는 각자 위치에 맞게 다른 방향으로 노력할 필요가 있습니다. 아이들은 되도록 두괄식으로 말할 수 있도록 배려하고 부모는 가급적 미괄식으로 말하려고 노력하는 것이 현명한 대화법입니다.

말할 때는 용건이 있고 그 용건을 상대방에게 설득하기 위한 근거와 이유가 필요하다고 앞에서 말했습니다. 여기서 주의를 기울여야 할 점은 용건의 위치를 어디에 놓느냐는 것입니다. 용건이 맨 앞에 올 때 두괄식, 맨 뒤에 올 때 미괄식, 중간에 놓을 때 중괄식이라 부릅니다. 맨 앞과 맨 뒤에 놓으면 양괄식이라 합니다. 말을 하거나 대화를 나누는 상황과 내용에 따라 적절한 전개 방식을 선택하는 것이 좋습니다.

목적이 분명한 두괄식

두괄식은 긴 설명을 하지 않아도 이미 공감대가 형성된 내용을 전달할 때 어울립니다. 말을 통해 얻으려는 목적이 분명할 때, 즉 실용적인 커뮤니케이션이 필요할 때 사용합니다. 용건을 먼저 이야기해야 대화하는 시간을 절약하고 듣는 사람이 상황을 정확하게 파악할수 있지요. 듣는 사람은 이야기가 계속 들을 만한 내용인지, 말한 사람에게 어떤 반응을 보여야 하는지 판단해야 대화가 효율적으로 오갈 수 있습니다.

아이들은 자신의 용건을 두괄식으로 정확하게 표현하는데 서툴 수있습니다. 장난감이나 맛있는 음식을 사달라는 정도는 어렵지 않게 표현하겠지만 복잡한 인간관계나 마음속에서 어지럽게 벌어지는 심경에 대해선 용건이 무엇인지, 근거가 무엇인지 파악조차 하지 못하거나 헷갈릴 수 있습니다.

특히 아이들은 어른이나 친구가 자신에게 불편한 행동을 하거나 요구를 할 때 이를 거절하기가 무척 힘듭니다. 노인경 작가의 그림책 『곰씨의 의자』는 혼자 있고 싶다는 이야기를 하지 못해 결국 병까지 얻은 곰의 이야기가 나옵니다.

곰은 풀밭 위 벤치에 앉아 차를 마시고 책을 읽으며 한가로운 시간을 보내고 있습니다. 그런데 낯선 토끼가 찾아오면서 곰의 생활은 180도 달라집니다. 곰은 토끼의 세계 여행 이야기를 들어주는 것으로 시작해 토끼의 결혼, 출산 과정을 함께하게 됩니다. 곰의 의자는 어느새 토끼 부부와 자식들로 꽉 차고 그들의 말 상대를 하느라 곰은 차 한 잔 마시고 책 한 줄 읽는 일조차 힘들어집니다.

곰은 토끼에게 자기 생각을 말해야겠다고 마음먹습니다. 하지만 쉽사리 꺼내지 못합니다. "여러분과의 시간은 더할 나위 없이 재미있답니다. 그런데 제가 차를 마실 때 아이들은 음악을 먹고 아니아니 빵을……." 곰은 의자에 페인트를 칠하고 다른 의자를 놓기도 해보지만 상황이 달라지지 않자 "내가 더이상 어떻게 해야 하냐"고 소리칩니다.

곰은 결국 비를 맞고 감기에 걸려 토끼 가족의 보살핌을 받습니다. 그제야 곰은 용기를 내 토끼 가족에게 말합니다. "혼자만의 시간이 필요해." 곰은 토끼 가족에게 상처를 줄까 봐 자기 뜻을 돌려서 표현하다 결국 한계 상황에 다다라서야 자신의 용건을 꺼낸 것입니다.

곰이 처음부터 토끼에게 용건을 분명하게 제시했다면 그런 속앓이를 겪지 않았겠죠. 곰과 토끼가 우호적 관계이기 때문에 곰의 우유부단한 행동에도 불구하고 행복한 결말을 맞을 수 있었습니다.

그러나 아이들이 부딪히는 환경은 꼭 이런 우호적 관계만이 아닙니다. 정신적 압박, 왕따, 갈취, 폭력, 성범죄 등 위기를 만났을 때 곰처럼 행동한다면 비극적 결말을 피하기 어렵습니다. 부모나 선생님에게 자신이 처한 위기를 분명하게 말해야 합니다. 가해자에게 거절의 의사를 명확하게 나타내야 합니다.

아이들이 용건부터 전하는 두괄식 방식으로 말할 수 있도록 부모가 유도해야 하는 이유가 여기 있습니다. 두괄식은 군이 복잡하게 다른 설명을 하지 않아도 금방 알아들을 수 있는 내용, 일반적 상식에 부합하는 내용을 말할 때 사용하면 적절합니다. 결정이나 판단이 필요한 일을 말할 때, 정보를 전달할 때 유용합니다.

감정과 논리 전달에 강한 미괄식

미괄식은 복잡한 감정이나 논리를 전할 때, 말을 통해 정서적, 정신적 공감대를 이루고 싶을 때 어울립니다. 이런 경우에 용건을 앞세우면 공감은 사라지고 듣는 아이를 압박하는 수단이 됩니다. 부모가 아이들을 훈육하기 위해 던지는 대부분의 말이 이런 우를 범하고 있습니다.

"너 왜 공부를 하지 않니?" "성적이 이게 뭐야?" "이렇게 늦잠만 잘래?" "왜 이상한 애들이랑 어울리니?" "학원에 가서 뭐 했어?" "너 때문에 한시도 편할 날이 없어." "다 너 좋으라고 이러는 거야." 이런 용건들이 먼저 튀어나오면 아이들은 마음에 셔터를 내리고 내면의 골방으로 점점 더 깊숙하게 숨어버립니다.

부모가 대화를 통해 아이가 긍정적으로 변화하길 원한다면 용건은 미루고 또 미루는 것이 좋습니다. 영화 〈벌새〉엔 이런 장면이 나옵니다. 여중생 은희와 한문 선생 영지가 나누는 대화입니다.

은희 선생님은 자기가 싫어진 적 있으세요?

영지 응. 많아. 아주 많아.

은희 그렇게 좋은 대학에 다니시는데도요.

영지 자기를 좋아하기까지는 시간이 좀 걸리는 거 같애. 난 내가
     싫어질 때 그냥 그 마음을 들여다보려고 해. 아, 이런 마음
     들이 있구나. 나는 지금 나를 사랑할 수 없구나. 은희야. 힘
     들고 우울할 땐 손가락을 봐. 그리고 한 손가락 한 손가락
     움직여. 그럼 참 신비롭게 느껴진다. 아무것도 못 할 거 같
     은데 손가락은 움직일 수 있어.

은희의 질문에 영지가 '왜 자신을 싫어하니? 자신을 사랑해야 해.
왜냐하면 이러쿵저러쿵 때문이야'라고 두괄식으로 대답했다면 은희
는 마음과 입을 닫고 돌아섰을 것입니다. 영지는 용건을 이야기하지
않고 자신도 은희와 다르지 않다고 답함으로써 은희가 자연스럽게
마음과 귀를 열게 합니다.

영지는 자기혐오를 이겨내기 위해 애썼던 과정들을 하나씩 하나씩
보여줍니다, 은희의 손을 꼭 잡고 좁은 오솔길을 함께 걷는 것처럼.
그리고 "손가락은 움직일 수 있어"라는 말을 들려줍니다. 좁은 오솔
길이 끝나고 갑자기 드넓은 개활지가 눈앞에 나타난 느낌입니다. 은
희는 큰 위안을 받고 자신감을 얻습니다.

영지가 은희에게 보내는 편지도 미괄식 구성의 미덕이 오롯이 드
러납니다.

은희에게.

어떻게 사는 것이 맞을까

어느 날 알 것 같다가도 정말 모르겠어.

다만 나쁜 일들이 닥치면서도 기쁜 일들이 함께한다는 것,

우리는 늘 누군가를 만나 무언가를 나눈다는 것.

세상은 참 신기하고 아름답다.

학원을 그만둬서 미안해.

돌아가면 모두 다 이야기해줄게.

미괄식은 듣는 사람에게 생각의 전환, 정서의 환기를 이끌어내고자 할 때 쓸모가 있습니다. 듣는 사람의 통념과 현재의 심리상태를 곧바로 겨냥해 비판하거나 반박하면 움츠러들거나 거부하는 반응이 나올 가능성이 큽니다. 정서적 유대를 충분히 쌓은 다음, 근거와 배경을 최대한 납득시킨 후 용건을 말하는 것이 좋습니다. 스토리나 재미, 감동, 통찰 등 실용적 목적과 거리가 있는 커뮤니케이션은 미괄식이 제격입니다.

부모와 아이의 대화는 각자 위치에 맞게 다른 방향으로 노력할 필요가 있습니다. 아이들은 되도록 두괄식으로 말할 수 있도록 배려하고 부모는 가급적 미괄식으로 말하려고 노력하는 것이 현명한 대화법입니다.

말을 잘하는 용건 전달 방식: 두괄식, 미괄식

상대방을 설득하기 위한 근거와 이유인 용건의 위치에 따라 두괄식, 미괄식으로 나뉜다.

두괄식(아이의 말하기)	미괄식(부모의 말하기)
• 일반적 상식이나 이미 공감대가 형성된 내용을 전달할 때 • 말을 통해 얻고자 하는 목적이 분명한 실용적인 커뮤니케이션에 적당 • 결정, 판단이 필요하거나 정보전달에 유용	• 감정을 전할 때, 말을 통해 정서적, 정신적 공감대를 이루고 싶을 때 • 듣는 사람의 생각의 전환, 정서의 환기를 이끌어내고자 할 때 • 스토리, 재미, 감동, 통찰 등을 전달하고자 할 때 효과적

두괄식과 미괄식

1. 다음 두괄식 예문을 미괄식으로 바꿔보세요.

세상을 살아가면서 소중한 가치가 많지만, 가장 필요한 것이 겸손입니다.
겸손은 너와 나의 관계를 소중하게 만듭니다.
겸손은 경쟁과 다툼을 막아냅니다.
겸손은 우리나라의 민속놀이 널뛰기처럼 나를 낮춤으로써 상대방을 높이는 일입니다.
➜ 우리나라의 민속놀이 널뛰기를 아시나요?
나를 낮춰야 상대방을 높일 수 있습니다.
겸손도 마찬가지입니다.
겸손은 너와 나의 관계를 소중하게 만듭니다.
겸손은 경쟁과 다툼을 막아냅니다.
세상을 살아가면서 소중한 가치가 많지만, 가장 필요한 것이 겸손입니다.

2. 다음 미괄식 예문을 두괄식으로 바꿔보세요.

선생님, 영우는 월요일, 수요일 방과 후에 학원을 가야 해요.
예원이는 주말 피아노 대회에 나가야 해서 집중 레슨을 수요일부터 금요일까지 받는대요.
저는 월요일엔 학원을 가고 금요일엔 엄마 생일 파티를 해요.
목요일까지 역사탐구 경진대회에 보고서를 제출하려면 수요일엔 작업을 마쳐야 해요.
화요일 방과 후에 역사탐구 모임을 하는 게 좋을 것 같은데, 어떻게 하죠?

➡ 선생님, 화요일 방과 후에 역사탐구 모임을 하는 게 좋을 것 같아요.
영우, 예원이, 저 모두 가능한 날이 화요일이에요.
목요일까지 역사탐구 경진대회에 보고서를 제출하려면 수요일엔
작업을 마쳐야 해요.

3. 내가 하고 싶은 말,
　　상대가 듣고 싶은 말

내가 하고 싶은 이야기와 상대가 듣고 싶은 얘기가 조화를 이루지 않으면 부모와 아이의 관계는 틀어지고 심각한 갈등으로 이어질 수 있습니다. 그런 환경에서 자란 아이는 어른이 되어 자기가 하고 싶은 말만 하는 '독백 중독자'가 되거나 자기 뜻을 말로 제대로 표현하지 못하는 '벙어리 냉가슴'이 되기도 합니다.

2021년 6월 tvN 〈유 퀴즈 온 더 블럭〉 프로그램 '문서의 신' 편에 출연했습니다. 유재석, 조세호 두 개그맨 사이에 앉아 신나게 보고서, 시말서, 이메일 등 업무용 글쓰기에 관해 이야기를 나누었습니다. 토크가 진행될수록 유재석이 왜 최고의 진행자로 평가받는가를 실감한 시간이었습니다.

좋은 글은 질서가 있다

유재석은 상대방의 작은 이야기를 받아 아주 크게 되돌려주는 놀라운 재주를 갖고 있더군요. 조세호가 최근 새로 청바지 사업을 시작했다며 협력업체 대표와 전화 통화에서 나눈 이야기를 들려주었습니다. 협력업체가 조세호에게 서로 논의할 내용을 제안서로 만들어달라고 했답니다. 제안내용은 무엇이고 제품의 특징은 어떤지, 서로 협력하면 어떤 예상수익이 기대되는지 등을 문서로 정리해달라고 했다지요.

그 순간 조세호는 당황하지 않을 수 없었다고 털어놨습니다. 태어나서 지금까지 이런 종류의 문서를 한 번도 써본 경험이 없었기 때문입니다. 조세호는 협력업체 대표에게 "얼굴 보고 일단 얘기하면 안 될까요? 만나서 얘기하면 안 될까요?"라고 답했다고 합니다. 저는 "비즈니스는 항상 문서로 소통해야 하고 제안서 양식을 알면 작성하는 것이 그렇게 어렵지 않다"고 말했습니다.

유재석은 그 얘길 듣자마자 이렇게 애드립을 쳤습니다. "너무 얼굴 보고서를 하니까. 보고서에 추가할 종류가 생겼네요. 얼굴 보고서, 만나 보고서." 이 말로 좌중에 폭소가 터졌습니다. 프로그램 전체 내용 가운데서도 이 부분을 사람들이 가장 재미있었다고 기억했습니다. 조세호의 지나가는 이야기를 유재석이 극적으로 살려낸 것입니다.

유재석은 한 시간 반 녹화가 진행되는 동안 놀라운 정리 능력을 발휘했습니다. 진행자와 게스트가 말을 주고받다 보면 이야기가 엉뚱하게 곁가지로 빠지기 쉽습니다. 유재석은 게스트에게 부담을 주지 않으면서 논점이 이탈되지 않도록 전체 대화의 맥락을 단단히 부여 잡았습니다. 토크의 내용에 따라 알맞게 단락을 짓고 단락과 단락 사이에 한두 문장의 카피로 내용을 정리해주었습니다. 마치 글 중간중간 소제목을 다는 것처럼.

유재석은 어떤 상황을 글로 묘사하는 것이 너무 어렵다며 제게 고민을 털어놨습니다. 저는 지금 여기 녹화 현장을 글로 쓴다면 어떻게 할 것인가를 예로 들어 설명했습니다. "지금 진행자와 게스트가 앉아 있고 그 앞에 여러 대의 카메라와 여러 명의 제작진이 늘어서 있어요. 이 풍경을 좌에서 우, 혹은 우에서 좌로 그려나갈 수 있죠. 아니면 가까운 데서 먼 데로, 혹은 그 반대로 묘사할 수도 있고요. 또 하늘에서 새가 바라보듯이 높은 데서 낮은 데로 살펴볼 수도 있습니다. 이렇게 글에는 질서가 있습니다. 질서가 있어야 좋은 글입니다."

이 말이 끝나자 유재석은 "좋은 글은 질서가 있다"라는 한 줄로 제 이야기를 정리해주었습니다. 저는 무심코 던진 말인데 유재석이 멋지게 정리를 해줘 이 프로그램의 메인 카피가 됐습니다. 방송 출연 후 많은 기관에서 제 강연 현수막 제목으로 이 카피를 썼습니다. 말은 제가 한 것이지만 그 말을 세상에 빛나게 만든 것은 '유느님' 덕분입니다.

유재석은 내가 하고 싶은 말과 상대가 듣고 싶은 말을 어떻게 조율해야 울림이 커지는지 정말 잘 알고 있었습니다. 나아가 그것을 적절하게 버무려 맛있는 대화로 요리해내는 '토크 셰프'였습니다. 말재주나 말주변이 없는 사람도 유재석을 만나면 재밌는 대화의 주인공이 될 것입니다. 유재석은 프로그램에서 소외되는 사람 없이 모두 말 잔치의 주인공이 될 수 있도록 배려하는 사람이었습니다.

이렇게 말은 언제나 관계 속에서 이뤄집니다. 말을 하는 사람이 있으면 말을 듣는 사람이 있습니다. 말을 매개로 양측이 관계를 맺는 거죠. 혼자 중얼거리는 독백이라도 그 맥락을 살펴보면 관계의 산물입니다. 글은 주로 혼자 쓰기 때문에 관계의 산물이란 사실을 잊기 쉽지만 말은 누군가의 얼굴을 보고 하기 때문에 조금만 주의를 기울여도 그 특징을 알아챌 수 있습니다.

아이들은 태어날 때부터 자신의 울음소리에 부모가 어떻게 반응하는가를 본능적으로 알게 됩니다. 감정과 욕구에 따라 울음소리를 달리하지 않아도 부모는 아이가 젖을 달라는 건지, 기저귀를 갈아달라는 건지 재빨리 파악하고 아이의 요구에 부응합니다. 부모는 아이에 관한 한 놀라운 '관심법'의 소유자라 해도 과언이 아닐 겁니다.

아이는 자라면서 다양한 말을 배우고 목소리, 표정, 몸짓을 활용해 감정과 욕구를 더 세밀하게 표현하게 됩니다. 이제 부모가 관심법을 동원하지 않아도 아이의 감정 상태와 욕구 내용을 파악할 수 있습니다. 아이의 감정과 욕구에 대해 부모가 받아줄 건지, 말 건지 여부도 대화로 주고받을 수 있습니다.

아이들은 자신의 말이 엄마 아빠에게 어떻게 받아들여지는지 아주 예민하게 알아챕니다. 말을 하는 사람은 자신이지만 그 말에 담긴 용건을 결정하고 판단하는 주체는 부모이기 때문이죠. 아이는 이 과정을 통해 세상과 소통하고 설득하는 방법을 배우게 됩니다.

그런데 내가 하고 싶은 이야기와 상대가 듣고 싶은 얘기가 조화를 이루지 않으면 부모와 아이의 관계는 틀어지고 심각한 갈등으로 이어질 수 있습니다. 그런 환경에서 자란 아이는 어른이 되어 자기가 하고 싶은 말만 하는 '독백 중독자'가 되거나 자기 뜻을 말로 제대로 표현하지 못하는 '벙어리 냉가슴'이 되기도 합니다.

상대가 듣고 싶은 말을 먼저

우오즈미 나오코의 소설 『하고 싶은 말 있어요!』(북뱅크)엔 자신이 하고 싶은 말만 하는 엄마와 엄마에게 하고 싶은 말을 전하지 못해 괴로운 딸 히나코가 나옵니다. 초등학교 6학년인 히나코는 공부도 잘하고 집안일도 잘하라는 엄마의 기대와 주문이 너무 버겁습니다. 중학생인 오빠에겐 집안일을 하나도 시키지 않으면서 자신에게만 잔소리를 퍼붓는 엄마에게 화가 나고 그런 엄마가 밉습니다.

히나코는 자신이 나쁜 아이라서 이렇게 엄마를 미워하는 걸까 스스로에게 물어봅니다. 그렇지만 친구들과 어울려 놀 수도 없을 만큼 엄마가 자신을 옥죄어오는 것이 너무 숨 막히고 견딜 수 없는 것도 사실입니다.

그러다 유령처럼 이상한 아이 슈지를 만납니다. 히나코는 슈지에게 호감을 느끼고 그와 친해집니다. 어느 날 바닥에 떨어진 슈지의 수첩을 발견하게 됩니다. 거기에 히나코의 마음을 옮겨놓은 것 같은 글이 적혀 있었습니다. 히나코는 이 수첩을 계기로 슈지와 가까워집니다. 어느 날 히나코는 슈지에게 엄마에 대한 자신의 생각을 솔직하게 털어놓습니다.

"우리 엄마도 마찬가지야. 완전 똑같아. 자기가 옳다고 생각하고는 그냥 나한테 몰아붙이는 거 있지? 내가 의견을 말하기라도 하면 너랑 이야기하면 슬퍼진다고 하질 않나. 그래서 그런 말을 들으면 내가 나쁜 건가 하는 생각이 들어."

그 말이 떠오르니까 다시 마음이 내려앉았다.

"그런 건 마음 쓰지 않아도 돼."

슈지는 딱 잘라 그렇게 말했다.

"부모가 아이에게 '슬퍼진다'고 말하는 건 아이에게 죄책감을 느끼게 해서 자기는 빠져나오려고 하는 고약한 태도야. 아이는 부모를 좋아하기 때문에 슬프게 하고 싶지 않잖아. 부모는 그걸 잘 알고 있는 거지. 그렇게 말하지 않고 차라리 분명하게 '너 참 못됐다' 하고 말하는 게 나을 텐데."

그 말을 듣고 보니 확실히 그런 것 같다.

"'너 참 못됐다' 하고 말하면 뭐가 어떻게 못됐다는 건지 물어볼 수도 있고 반론도 펼 수 있을 텐데, 그냥 그렇게 대화를 끝내버려" (pp.58~59).

히나코는 슈지의 말에 용기를 얻어 자기 생각을 엄마에게 말합니다. 그러나 엄마의 대답은 늘 듣던 이야기였습니다.

"그 정도 집안일 도왔다고 왜 그리 불평인지 엄마는 알 수가 없네. 그릇도 전부 다 손으로 설거지하는 것도 아닌데. 살짝 헹궈서 식기세척기에 넣을 뿐이잖아. 어떤 점이 그렇게 힘든지 말해 봐. 엄마는 어릴 때 처음부터 끝까지 손으로 설거지했어. 거기다가 요리에 청소에 다림질까지 했어. 물론 공부도 착실히 했고."

또 같은 소리다. 히나코는 다시 화가 솟구쳤다.

"엄마가 어렸을 때 어땠다는 건 상관없다고. 엄마랑 나랑은 다르니까."

"다른 건 맞지만 여자라는 건 같잖아. 여자는 공부도 집안일도 다 잘하는 게 좋으니까. 그러니까 히나코도 그렇게 해야만 하는 거고. 엄마가 너보다 인생 경험이 풍부하니까 너보다 잘 아는 거라고"(pp.83~84).

히나코 엄마는 전형적 '꼰대'입니다. 꼰대는 상대방의 수용 여부를 고려하지 않고 자신이 옳다고 생각하는 바를 자신의 방식으로 강요하는 사람입니다. 당연한 이야기를 당연한 방식으로, 지당한 말씀을 지당한 방식으로 전달하는 거죠. 상대방의 입장이 돼, 역지사지 관점에서 새롭게 바라보려고 하지 않습니다. 상대방이 진정 무엇을 원하고 있는지 헤아리는 법도 없죠.

엄마는 어쩌다 '꼰대'가 됐을까요? 추측하건대 엄마 역시 '꼰대' 부모 아래서 자랐을 가능성이 큽니다. 엄마의 엄마, 즉 히나코의 외할머니 역시 남녀를 차별하고 집안일과 바깥일 모두 완벽해야 한다고 잔소리를 했을 겁니다. 여자는 어때야 한다는 기준을 정하고 거기에 맞출 것을 끝없이 주문했을 겁니다.

우리는 주변에서 듣는 사람은 신경도 쓰지 않고 자신이 하고 싶은 말만 하는 사람을 종종 만납니다. 자기 말에 취해 실수로 그런 것이라면 크게 책망할 일은 아닙니다. 그러나 지위가 높거나 지적 허영심에 가득 찬 사람들이 이런 태도를 보인다면 이는 심각한 문제입니다.

비유와 인용으로 메시지 효과 높이기

어느 커뮤니케이션 코칭 강좌에서 중견기업 대표를 만난 적이 있습니다. 이 회사에선 매월 월례조회 때, 대표가 이십 분 정도 연설을 하는데, 이때 회사의 경영 방향과 임직원에게 당부할 사항을 전달한다고 합니다. 대표는 월례조회가 열리기 전날엔 가급적 외부 일정을 자제하고 연설 내용을 정리하고 가다듬는 데 많은 시간을 씁니다. 그만큼 월례조회 연설이 회사 경영에 중요한 수단이라고 본 거죠.

그런데 이 대표에게 고민이 생겼습니다. 최선을 다해 준비한 연설인데, 그걸 귀 기울여 듣는 임직원들이 거의 없는 것 같다는 느낌이 들기 시작한 거죠. 지나가는 말이라도 연설 내용을 화제로 꺼내는 경우는 거의 없고 연설에서 분명 강조했던 사항임에도 회의나 업무에서 소홀하게 다뤄지는 경우를 종종 목격했다고 합니다. 이젠 월례조회 연설을 계속해야 할지 그만둬야 할지 결단을 내려야 할 시점이 임박한 것 같다고 씁쓸하게 제게 털어놨습니다.

이 대표의 하소연을 들은 뒤 연설 동영상 녹화본을 들어봤습니다. 자연스럽게 말하는 솜씨는 떨어졌지만 그야말로 내용이 꽉 찬 연설이었습니다. 그 회사 업종과 관련한 글로벌 트렌드부터 경쟁 업체의 동향, 최근 회사의 성과와 개선점, 직원들에 대한 당부 등이 한 편의 보고서처럼 깔끔하게 정리돼 있었습니다. 문제는 거기에 있었습니다. 이 대표는 자기가 하고 싶은 말만 충실하게 한 것입니다.

직원이 대표에게 듣고 싶어 하는 이야기를 찾아보라고 주문했습니다. 적어도 연설의 30~40퍼센트는 상대방이 듣고 싶어 하는 이야기에 할애해야 한다고 말했습니다. 아마도 직원들은 회사의 성과를 어떻게 나눌 것인지, 근무환경을 어떻게 개선할 것인지, 자신들의 역량과 커리어를 어떻게 향상시킬 것인지 등이 궁금했을 것입니다. 대표가 직원을 어떻게 생각하는지 정서적 차원의 인정과 동기부여도 원했을 겁니다.

마땅히 그런 내용을 찾기 어려우면 비유나 인용을 활용하는 것도 좋다고 조언했습니다. 비유나 인용은 다른 사람과 대화할 때 써먹을 수 있는 아주 유용한 수단입니다. 직원들은 대표의 이야기는 소홀히 들어도 비유와 인용을 기억할 가능성은 높습니다. 비유와 인용 덕분에 대표의 메시지가 함께 기억될 수도 있습니다. 비유와 인용은 연설

전체의 몰입도를 높이는 역할도 합니다.

　코칭을 하고 몇 달이 지난 뒤, 이 대표에게 전화가 왔습니다. 확실히 직원들의 반응이 달라졌다는 소식이었습니다. 어느 직원은 잭 웰치 GE 회장 어린 시절의 일화를 기억했다가 자기 아이에게 들려주었다고 말했습니다. 잭 웰치가 말을 더듬자 어머니가 "괜찮아. 네가 말을 더듬는 것은 네가 너무 똑똑해 혀가 너의 생각을 따라가지 못하기 때문이야"라고 말했던 일화였습니다.

　대표가 키우던 늙은 반려견 이야기를 하자 종종 반려견의 안부를 묻는 직원도 생겼다고 합니다. 이 대표는 이제 연설문을 준비하고 연설을 하는 시간이 즐거워졌다고 밝은 목소리로 말했습니다.

하고 싶은 말, 듣고 싶은 말

부모와 아이가 서로에게 하고 싶은 말, 듣고 싶은 말 각각 열 가지를 적은 뒤 바꿔서 읽어보고 이야기를 나눕니다.

엄마(아빠)에게 하고 싶은 말	엄마(아빠)에게 듣고 싶은 말

아이에게 하고 싶은 말	아이에게 듣고 싶은 말

4. 정서에 맞게, 이치에 맞게

부모가 아이에게 말인즉슨 옳은 얘기, 입바른 얘기를 해놓고 아이가 그것을 이해하거나 납득하지 못하면 화를 냅니다. 이런 태도 때문에 부모와 아이의 관계는 점점 단절됩니다. 부모가 아이에게 소통의 장벽이 느껴질 땐 그 원인을 아이에게서 찾을 것이 아니라 부모 자신에게서 찾아야 합니다. 그러려면 부모가 먼저 부드럽게, 자연스럽게 말하는 법을 알고 실천해야 합니다.

관계를 발전시키는 말하기

서로의 관계를 발전시키는 말이 좋은 말입니다. 아무리 옳은 말일지라도 날카로운 말, 상대방을 공격하는 말은 관계에 생채기를 냅니다. 말하는 사람은 옳을지 모르겠지만 듣는 사람에겐 결코 옳은 말이 아닙니다. 말하는 사람과 듣는 사람 모두에게 옳은 말은 무엇일까, 부모가 아이에게 말할 때 깊은 고민과 탐색이 필요합니다.

부모는 아이에게 되도록 부드럽게, 자연스럽게 스며드는 말을 하는 것이 좋습니다. 가끔 불편하고 날 선 말이 필요할 때도 있습니다. 그렇더라도 부모와 아이의 관계를 발전시키기 위한 목적일 때만 한시적으로 활용하는 것이 좋죠.

말은 상대방의 감성과 이성 양쪽 모두를 배려해야 합니다. 어느 한쪽에만 치우칠 경우 제대로 소통이 되지 않고, 되려 갈등을 부추길 수도 있습니다. 그래서 이치에도 맞아야 하지만 정서에도 맞아야 하고, 정서에도 맞아야 하지만 이치에도 두루 맞아야 합니다.

부모가 아이에게 말인즉슨 옳은 얘기, 입바른 얘기를 해놓고 아이가 그것을 이해하거나 납득하지 못하면 화를 냅니다. 이런 태도 때문에 부모와 아이의 관계는 점점 단절됩니다. 부모가 아이에게서 소통의 장벽이 느껴질 땐 그 원인을 아이에게서 찾을 것이 아니라 부모 자신에게서 찾아야 합니다.

가톨릭 성인 아시시의 프란치스코는 13세기 이탈리아 로마의 수도사였습니다. 어느 날 프란치스코는 제자들과 함께 40일을 목표로 금식에 들어갔습니다. 모든 음식을 끊는 고행이었습니다. 마지막 하루를 남겨놓은 39일째 되는 날 큰 사건이 벌어졌습니다.

젊은 제자 한 사람이 우연히 복도를 지나다 맛있는 수프 냄새에 이끌려 주방에 들어갔습니다. 그러고는 자신도 모르게 수프 한 숟가락을 떠 입에 넣고 말았습니다. 이 장면을 우연히 목격한 다른 제자들은 눈을 부릅뜨고 그 젊은 제자를 노려보았습니다. 제자들은 유혹을 이기지 못하고 금식을 깬 젊은 제자에게 분노에 찬 정죄의 시선을 보낸 거죠.

스승 프란치스코에게까지 이 사실이 알려졌습니다. 제자들은 프란치스코가 이 젊은 제자에게 불호령을 내리고 징벌에 처하길 기대하며 스승의 얼굴을 바라봤습니다. 그 순간, 프란치스코는 젊은 제자가 수프를 떠먹었던 숟가락을 들었습니다. 그러고는 젊은 제자가 먹었던 수프를 천천히 떠먹기 시작했습니다. 제자들은 스승의 행동에 경악하지 않을 수 없었습니다. 프란치스코는 그들을 향해 이렇게 조용히 말했습니다.

우리가 금식을 하며 기도를 드리는 것은 모두가 예수님의 인격을 닮고 그분의 성품을 본받아 서로가 서로를 참으며 사랑하며 아끼자는 것입니다. 저 젊은이가 유혹을 이기지 못하고 수프를 떠먹은 것은 죄가 아닙니다. 하지만 그를 정죄하고 배척하는 여러분들이야말로 지금 큰 죄를 짓고 있는 것입니다. 굶으면서 서로 미워하는 것보다는 실컷 먹고 사랑하는 것이 더 낫습니다(미국 어지니교회 최태선 목사의 칼럼을 일부 가공해 인용).

프란치스코 성인은 옳고 그름을 가리고 정죄해야 한다는 제자들의 기대와 달리 젊은 제자의 실수를 용서하고 품어 안음으로써 제자 모두에게 깊고 큰 울림을 주었습니다. 프란치스코 성인이 정서만 따른 것 같지만, 결과적으로 한층 높은 차원에서 이치를 새롭게 드러낸 셈입니다.

부모는 고민합니다. 이 순간 아이를 꾸짖어야 할지, 참고 넘어가야 할지 선택의 갈림길에서 늘 아득해지고 헤매게 됩니다. 참고 넘어가면 아이의 행동이 바뀌지 않을까 걱정이고, 꾸짖으면 아이의 마음이 닫힐까 걱정입니다.

꾸짖음으로 아이의 행동이 바뀌기를 기대하기 어렵지만 참고 넘어감으로써 아이와의 관계가 유지되는 것은 분명합니다. 관계가 유지돼야 꾸짖음도 유효합니다. 부모가 프란치스코 성인처럼 행동하긴 어렵겠지만, 어떤 경우에도 관계를 유지하는 말과 행동을 지키기 위해 끝없이 노력하면 좋겠어요.

감정과 이성을 두루 살피는 대화

첫째 딸이 초등학교 5학년이었을 때 저는 이렇게 말했습니다. "앞으로 아빠는 절대 네 성적을 물어보지 않을게. 네가 스스로 알아서 잘하길 바라." 저는 내심 멋지고 '쿨'한 아빠가 됐다고 생각했습니다. 실제로 저는 첫째의 성적을 묻지 않았습니다. 첫째는 성적이 잘 나왔을 때 가끔 지나가는 말로 이야기하곤 했습니다.

첫째는 중학교 때 꽤 공부를 잘했고(듣지 않으려고 해도 다양한 경로로 듣게 되더군요.) 고등학교 때도 마찬가지였습니다. 그런데 어느 날 첫째가 고민을 털어놓더군요. 수업 시간에 자꾸 몸에 경직이 와서 공부에 집중하기 어렵고, 자신에게 발표 순서가 올까 봐 가슴이 너무 떨렸다고요.

첫째는 성적에 대해 과도한 스트레스를 받고 있었던 겁니다. 저는 첫째에게 말했죠. "엄마 아빠가 성적을 절대 묻지도 않잖아. 성적이 어떻게 나와도 상관없으니까, 절대 스트레스를 받지 않았으면 좋겠어." 돌이켜 보면, 정말 바보 같은 말이었습니다.

성적을 묻지 않겠다는 것은 첫째에게 멋지고 쿨한 아빠가 되고 싶다는 제 겉멋의 발로였습니다. 제가 이렇게 대하면 첫째 역시 멋지고 쿨한 어른으로 성장하겠지 생각한 겁니다. 그로 인해 딸이 성적에 대한 부담감을 고스란히 혼자 짊어져야 했던 사실은 까마득히 모르고 말이죠.

첫째가 성적을 흔쾌히 이야기하고 부모와 자유롭게 상의할 수 있는 분위기를 만들었다면 머리가 떨리는 스트레스를 받지 않았을 겁니다. 성적이 오르면 함께 기뻐하고 떨어지면 위로하고 다음에 더 잘할 수 있다고 격려했어야 했는데, 그냥 감정에만 치우쳐 패착을 둔 셈입니다. 정서만 배려하다 이치를 놓쳐버린 경우입니다.

둘째는 친구나 선생님들이 무심코 사용하는 성차별적 발언이나 행동이 늘 눈과 귀에 거슬려 그럴 때마다 문제를 제기했답니다. 이런 일이 되풀이되자 선생님들은 불쾌해하거나 언짢아하며 유별난 아이 취급을 했고 친구들 역시 누구도 동조해주지 않고 멀리하거나 피했다고 합니다. 둘째는 명절 때 가족 모임에서도 누군가 성차별적인 뉘앙스의 말을 하면 날카롭게 반응하기도 했었죠.

둘째는 진리를 배우는 학교에서 진리를 말했다는 이유로 이렇게 소외를 당한다면 더이상 학교의 가치를 인정해줄 수 없다고 했습니다. 둘째의 이야기를 듣고 우리 가족은 한동안 말을 잇지 못했습니다. 며칠이 지난 후 둘째에게 이렇게 말했습니다.

선생님이라고 전부 페미니즘을 잘 알고 거기에 흔쾌히 동의하는 건 아닐 거야. 친구들은 더 말할 필요도 없지. 근데 선생님과 친구들이 너의 주장을 반대한다기보다 너의 주장이 낯설어서 그렇게 행동한다고 생각하면 어떨까? 너도 낯선 것은 익숙해질 때까지 가까이하기 어렵잖아. 선생님과 친구들의 처지를 이렇게 헤아리고 그들이 페미니즘을 거부감없이 받아들일 수 있도록 천천히 마음으로 다가가면 어떨까?

둘째는 제 말에 시큰둥한 반응을 보였습니다. 상황이 나아진 것은 아니었지만 둘째는 학교를 그만두겠다는 이야기는 더이상 하지 않았습니다. 그렇게 시간이 흐르고 조금씩 둘째의 학교생활이 달라졌습니다. 친구를 사귀기 시작했고 주말에 친구들과 공연을 보거나 놀러 다니는 일이 잦아졌습니다.

어느 날 둘째에게 학교생활에 대해 넌지시 물어봤습니다. 둘째는 자신의 페미니즘 주장이 상대방의 변화를 위한 것이 아니라 어떤 상황을 봤을 때 일어나는 생각과 감정을 참지 못하고 표현한 것이었다는 얘길 했습니다. 친구들과 가끔 페미니즘에 대해 이야길 나눠보니 그들의 생각도 자신과 크게 다르지 않다는 사실을 알게 됐다고 합니다. 둘째는 이치에 맞는 말도 정서에 맞아야만 가치 있다는 사실을 깨달은 것이죠.

도법 스님은 말과 글을 상대방과 화쟁(和諍)하는 과정이라 보고 원효 스님의 가르침을 이렇게 창조적으로 해석했습니다.

다른 사람과 말을 할 때엔 이치에 맞아야 하기도 하지만 정서를 거스르지 않는 것이 중요하다. 이치는 진실에 토대하는 것이다. 진실을 잘 짚더라도 정서적으로 얽힌 게 있으니 그것도 잘 살피고 헤아려야 한다.

불교 경전에서는 진리를 찾아가는 과정을 '장님 코끼리 만지기'에 비유하죠. 인간은 장님처럼 코끼리의 전체를 볼 수 없기 때문에 자신이 만지는 부위에 따라 기둥이라고 주장하는 사람도 있고 벽이라고 주장하는 사람도 나타나기 마련입니다. 서로 자신의 주장이 옳고 다른 사람의 주장이 틀리다고 우기면 진실에서 점점 멀어집니다.

모두 옳을 가능성과 모두 틀릴 가능성을 열어놓고 대화를 해야 진실에 가까워집니다. 그래야 전체적 진실에 최대한 가까운 부분적 진실의 총합을 만들 수 있기 때문이죠. 이것이 원효 스님이 주창한 화쟁사상의 요체 가운데 하나인 '개시개비(皆是皆非)'입니다. '모두 옳고 모두 그르다'는 의미입니다. 개시개비를 위한 대화의 조건이 바로 정서에 맞게, 이치에 맞게 말하는 것입니다.

아이들과 감성과 이성을 두루 살피는 대화를 해야 할 이유가 여기에 있습니다. 또한 아이들이 부모와의 관계 속에서 부드럽게, 자연스럽게 말하는 법을 몸에 익히도록 배려하면 좋겠습니다. 그렇게 하려면 부모가 먼저 부드럽게, 자연스럽게 말하는 법을 알고 실천해야 합니다.

정서와 이치에 맞는 말하기

문경보 작가의 책 『엄마도 힘들어』(메디치미디어)에 나오는 글을 바탕으로 가공한 예문입니다. 자녀와 두 예문을 비교해 읽고 이야기를 나누세요.

첫째 예문

엄마 주리는 엄마를 생각하면 뭐가 떠오르니?

주리 딱따구리요.

엄마 그래. 그럼 너는 뭐라고 생각하니?

주리 딱따구리가 쪼아대는 나무요. 딱따구리를 미워하는 아픈 나무 요.

엄마 딱따구리가 나무를 쪼아대는 건 다 이유가 있어서 그런 거야. 나무에 있는 벌레를 잡아서 나무가 잘 크도록 도와주고 싶어서 그러는 거야. 알아? 그리고 나무에서 잡은 벌레로 자기 새끼들 을 키우는 게 딱따구리야, 그런데 어떻게 엄마를 미워할 수 있 니? 너를 위해서 그렇게 하는 건데.

주리 누가 딱따구리가 잘못했다고 했어? 나무가 아프다고! 난 아프 다고 말했는데, 엄마는 왜 엄마 이야기만 해! 난 엄마가 틀리다 고 이야기한 적 없는데, 왜 엄마는 늘 혼자 그렇게 상상하고 함 부로 말하느냐고!

둘째 예문

엄마 주리는 엄마를 생각하면 뭐가 떠오르니?

주리 딱따구리요.

엄마 그래. 그럼 너는 뭐라고 생각하니?

주리 딱따구리가 쪼아대는 나무요. 딱따구리를 미워하는 아픈 나무 요.

엄마   그랬구나. 주리는 아픈 거였구나. 시간이 갈수록 해결해야 할
       일들이 많아져서, 많이 힘들어서 엄마에게 이야기하고 싶은데,
       엄마가 잘 들어주지 않으니까 마음이 아팠구나.

주리   엄마, 중학교 3학년 졸업시험을 보는 마지막 날에 몸이 너무 아
       팠어요. 사실 고등학교도 결정된 상황이라서 내신에도 별로 문
       제가 되지 않는 시험이었어요. 그리고 그 전날 시험을 비교적
       잘 치러서 저는 시험공부를 하지 않고 그냥 자고 싶었어요. 그
       런데 엄마가 마지막까지 최선을 다해야 한다고 하시면서 병원
       에 가서 주사까지 맞고 공부하게 했어요. 전 그때 너무 아팠어
       요. 그리고 문득 이런 생각이 들었어요. 고등학교에 가면 공부
       를 더 해야 할 텐데 그때 아프면 엄마는 나에게 어떻게 할까?

엄마   그때 어떤 느낌이 들었니?

주리   무서웠어요.

엄마   그랬구나. 무서웠구나. 그 감정에 잠깐 머물러보렴. 그리고 왜
       무서웠는지 생각나면 이야기해주겠니?

주리   엄마 마음에 들지 않는 딸이 될까 봐 무서웠어요. 엄마가 절 사
       랑해주지 않을까 봐 무서웠어요.

엄마   엄마가 주리를 사랑해주지 않는 것이 주리는 왜 무서울까?

주리   저는 엄마를 사랑하거든요.

엄마   미안하다. 미안하다. 난 네가 무서워하는 줄 몰랐어. 정말 몰랐
       어. 주리야, 이렇게 커줘서 고맙다. 참 고맙다. 그리고 사랑해.

5. 마음을 움직이는 말하기

아이들과 대화할 때 최대한 Showing의 언어로 이야기하는 것이 좋습니다. 추상적인 의견보다는 구체적인 사실을 말하고, 평가하기보다는 관찰한 정보를 나누는 것입니다. 그렇게 하기 위해선 '예, 아니오'로 답을 할 수밖에 없는 닫힌 질문을 하지 말고 '언제, 어디서, 누가, 무엇을, 왜, 어떻게' 육하원칙으로 묻는 열린 질문을 해야 합니다.

많은 사람이 영화 〈빌리 엘리어트〉에서 빌리가 로열발레학교 실기 면접을 보는 장면을 가장 인상 깊었다고 말합니다. 빌리는 대기실에서 불안에 휩싸여 자신에게 말을 걸어오는 학생에게 주먹을 휘두르고, 그 사실이 마침내 면접관들에게 알려집니다.

설사 실기 면접을 잘했다 해도 불합격될 가능성이 큰 상황이었습니다. 빌리가 실기를 마치고 나가려는 순간, 면접관 가운데 한 사람이 이렇게 묻습니다. "마지막 질문 하나만 빌리에게 하고 싶은데, 네가 춤을 출 때 어떤 기분이니?"

빌리는 쭈뼛거리며 대답합니다.

모르겠어요. 그냥 기분이 좋아요. 조금은 어색하기도 하지만 한번 춤을 추기 시작하면 모든 것을 잊게 되고 모든 것이 사라져버려요. 사라져버리는 것 같아요. 내 몸 전체가 변하는 기분이죠. 마치 몸에 불이라도 붙은 느낌이에요. 전 그저 한 마리 날으는 새가 되죠. 마치 전기처럼…… 네 전기처럼요.

이 말을 통해 면접관들은 빌리가 발레를 통해 어떤 세계를 만났는지 알게 됩니다. 발레를 진정 사랑하고 진심을 다해 노력한 자만이 느낄 수 있는 순간을 빌리는 실감나게 표현한 것입니다. 얼마 후 빌리는 합격통지를 받습니다. 면접관에게 했던 마지막 말이 결정적 역할을 한 것입니다.

마음을 움직이는 말하기—진정성

빌리의 대답이 면접관의 마음을 움직일 수 있었던 결정적인 이유는 무엇일까요? 사람들은 빌리의 진정성이라고 답할 것입니다. 물론 진정성이 가장 큰 설득의 무기인 것은 맞습니다. 그런데 진정성만 있으면 듣는 사람의 마음을 무조건 움직일 수 있을까요?

진정성은 필요조건이긴 하지만 충분조건은 아닙니다. 진정성은 그 자체로 상대방에게 전달되는 것이 아닙니다. 진정성을 돋보이게 담을 표현의 그릇이 필요합니다. 어떤 그릇에 담기느냐에 따라 진정성의 가치도 달라집니다.

면접관은 빌리에게 '기분'을 물었습니다. 기분은 좋다, 나쁘다, 재밌다, 따분하다 등으로 표현할 수 있습니다. 빌리 역시 처음엔 "기분이 좋아요"라고 답했습니다. 이런 표현은 듣는 사람이 말하는 사람의 내면 상태를 표피적으로 파악할 수 있는 수준에 머뭅니다.

말하는 사람의 내면을 구체적으로 알기는 어렵고 공감이나 동의까지 이르기엔 한참 모자랍니다. 빌리의 말이 이 수준에 머물렀다면 반전은 일어나지 않았을 것입니다. 빌리는 자신의 기분을 구체적으로 전달하기 위해 허공에 눈길을 주며 떠듬떠듬 이야기합니다.

몸이 사라지고, 불이 붙고, 한 마리 새가 되고, 전기에 감전되고. 빌리는 볼 수도, 만질 수도 없는 기분을 볼 수 있는 것, 만질 수 있는 것으로 표현하고 있습니다. 이런 표현은 실제 체험한 사람만이 입 밖으로 꺼낼 수 있는 내용입니다.

네 살 터울인 두 딸은 태어나서 지금까지 제게 말할 수 없는 기쁨을 주었습니다. 두 아이를 끌어안고 머리에 입맞춤할 때 저는 가장 진한 삶의 의미를 느꼈습니다. 아이들은 제 거울이기도 합니다. 제가 자랑스럽게 여기는 장점뿐만 아니라 제가 아프게 생각하는 단점까지 닮았습니다.

아이들의 어떤 행동을 보면 어떻게 저런 것까지 닮았을까, 참 신기하기도 하고 안타깝기도 했습니다. 그것을 있는 그대로 보고 사랑하기까지 갈등과 아픔이 적지 않았죠. 제 입장이나 관념, 욕망을 투사하지 않고 아이들을 있는 그대로 바라보고 대하는 것이 제겐 지난한 수행 과정이었어요. 그건 딸들의 처지에서도 마찬가지일 겁니다.

여느 집과 마찬가지로 두 딸은 자주 싸웠습니다. 10년 전 일입니다. 저녁때 집에 돌아왔는데 다투는 소리가 현관까지 들려왔습니다. 옷도 갈아입지 않고 딸의 방문부터 열었습니다. 첫째는 침대 위에, 둘째는 책상 의자에 앉아 날 선 말을 주고받았습니다.

제 얼굴을 보자 서로 자신의 억울함을 하소연했습니다. 첫째는 동생이 자신을 언니로 대하지 않고 무시한다고 말했습니다. 둘째는 언니가 자신을 자꾸 놀린다고 했습니다. 두 아이의 이야기를 한 삼십 분 동안 번갈아가며 들었습니다. 누구의 잘못이 먼저인지, 누구의 잘못이 더 큰지 저로선 판단하기 어려웠습니다.

그런데 두 딸의 입에서 이런 말까지 흘러나오고 말았습니다. "아빠, 저는 언니가 없었으면 좋겠어요." 둘째가 울면서 이렇게 부르짖었습니다. 첫째가 발끈했습니다. "나도 너 같은 동생 사라졌으면 좋겠어." 서로 미워할 수도 있고 싸울 수도 있습니다. 하지만 없었으면, 사라졌으면 좋겠다니, 눈앞이 캄캄했습니다. 망연자실 두 딸의 얼굴만 바라보았습니다. 둘 다 잘못했다는 쪽으로 다그쳐 이 사태를 속 편하게 진정시킬 수 있는 단계를 이미 넘어선 상황이었습니다.

Showing의 언어로 말하기

그때 번쩍, 한 가지 생각이 떠올랐습니다. 어느 날 둘째가 귀가 시간이 한참 지났는데도 돌아오지 않았습니다. 친구들한테 연락을 해봐도 세 시간 전에 헤어졌다는 대답만 돌아왔습니다. 피아노 학원에서도 네 시간 전에 돌아갔다고 했습니다.

온 가족이 애가 타기 시작했습니다. 이리저리 전화를 돌리다 직접 찾아보기로 했습니다. 한 시간 뒤 모두 빈손으로 돌아왔습니다. 첫째가 그만 울기 시작했습니다. 동생이 잘못되면 어쩌냐며 아주 서럽게 울었습니다. 다행히 그로부터 삼십 분 뒤 둘째가 돌아와 사태는 마무리됐습니다.

두 아이에게 그때 장면을 말했습니다. 첫째에게 동생을 잃어버릴까 두려워 서럽게 울었던 그 순간을 생각해보라고 말했습니다. 둘째에게 말했습니다. "이런 언니가 없다면 네 기분이 어떻겠니?" 둘째는 고개를 푹 숙였습니다. 첫째에게 말했습니다. "이런 동생이 없다면 네 기분이 어떻겠니?" 첫째 역시 고개를 푹 수그리고 "너무 슬플 거예요"라고 짧게 말했습니다.

언니와 동생은 서로 화해하고 포옹하면서 후회의 눈물을 흘렸어요. 물론 그 후에도 아이들의 다툼은 끊이지 않았습니다. 그러나 서로의 존재를 부정하거나 미워하는 일은 더는 일어나지 않았습니다.

말과 글은 두 갈래가 있습니다. 오감으로 느끼는 것과 생각으로 헤아리는 것이 그것들입니다. 미국의 소설가 어니스트 헤밍웨이는 "설명하지 말고 보여줘라!(Show, Don't tell!)"라고 말했습니다. 오감으로 느끼는 것이 보여주는 Showing의 언어이고, 생각으로 헤아리는 것이 설명하는 Telling의 언어입니다. Telling의 언어로 이야기했다면 두 딸의 극적인 화해는 어려웠을 겁니다.

아이들과 대화할 때 최대한 Showing의 언어로 이야기하는 것이 좋습니다. 추상적인 의견보다는 구체적인 사실을 말하고 평가하기보다는 관찰한 정보를 나누는 것입니다. 그렇게 하기 위해선 '예, 아니오'로 답을 할 수밖에 없는 닫힌 질문을 하지 말고 '언제, 어디서, 누가, 무엇을, 왜, 어떻게'처럼 육하원칙으로 묻는 열린 질문을 해야 합니다. 면접관이 빌리 엘리어트에게 "네가 춤을 출 때 어떤 기분이니?"라고 물은 것처럼.

육하원칙으로 말하기

닫힌 질문을 육하원칙을 활용해 열린 질문으로 바꿔보세요. 위는 '닫힌 질문' 아래는 '열린 질문'의 예입니다.

〈언제〉

"아빠랑 점심 먹고 산책할까?"

"아뇨."

➡ "아빠랑 언제 산책할까?"

　"오후까지 친구들과 공룡 전시 보기로 했어요. 저녁 먹고 갈까요?"

〈어디서〉

"이번 여름 휴가는 제주도 어때?"

"지난번에도 갔는데."

➡ "이번 여름 휴가는 어디로 갈까?"

　"요즘 양양 바다에 서핑이 유행한대요. 여름 휴가 때 서핑을 배우고 싶어요."

〈누가〉

"엄마 대신 정현이가 청소기 좀 돌려줄래?"

"저 바빠요."

➡ "엄마 대신 누가 청소기 좀 돌려줄래?"

　"정현이는 바쁘니까, 제가 할게요. 그 대신 담엔 정현이 차례야."

〈무엇을〉

"오늘 학교에서 공부 열심히 했니?"

"예."

→ "오늘 학교에서 무엇을 배웠니?"

"로켓을 하늘로 쏘아올리는 원리를 배웠어요. 저도 만들어보고 싶
어요."

〈왜〉

이 책 안 읽었니?"

"읽을게요."

→ "이 책을 왜 읽지 않았니?"

"내용이 너무 어려워요. 이것보다 더 쉬운 책을 골라주세요."

〈어떻게〉

"유튜브에 동영상 올리는 거 어렵니?"

"아뇨."

→ "유튜브에 동영상을 어떻게 올리지?"

"유듀브에 로그인을 하면 동영상 업로드 버튼이 보여요. 그거 누르
고 엑세스 클릭하면 동영상 파일을 선택하는 창이 떠요. 원하는 파
일을 더블 클릭하면 업로드가 진행돼요."

6. 말 잘하는 아이,
경청 잘하는 부모로부터

부모가 아이들의 이야기를 깊게 경청할 때 아이들은 자신이 인정받고 존중받고 있다는 감정을 느끼기 때문에 제약 없이 자기 뜻을 말로 풀어낼 수 있어요. 말을 잘한다는 것은 일방적으로 자신의 이야기를 상대방에게 던지는 것이 아닙니다. 상대방이 무엇을 듣기를 원하는지, 자신의 이야기가 잘 전달되고 있는지를 세심하게 살피며 말하는 것입니다. 말 잘하는 아이는 경청을 잘하는 부모로부터 나옵니다.

신혼 무렵이었습니다. 제가 살던 서울 홍은동 빌라 앞길에서 새벽에 트럭이 뒤집히는 사고가 일어났습니다. 경찰이 사이렌을 울리며 출동하고 크레인이 와서 트럭을 바로 세우는 북새통이 벌어졌습니다. 어머니와 아내는 그 소란에 잠이 깨 한동안 잠을 이루지 못했다고 합니다. 창밖으로 사고가 수습되는 과정을 다 지켜보고 나서야 다시 잠자리에 들었다고 했습니다. 전 그것도 모르고 아침까지 태평하게 잠을 잤습니다. 아침 식탁에서 그 이야기를 듣고 나서야 알았습니다. 제가 얼마나 잠귀가 어두운 사람인지 알 수 있는 일화죠.

그런데 놀라운 변화가 일어났습니다. 기자 생활을 하다 충북 괴산으로 귀농한 뒤 첫째가 태어나고, 며칠 지나지 않은 어느 날이었습니다. 저녁때 술을 한 잔 마시고 달게 자고 있는데 어떤 소리가 제 깊은 잠을 흔들어 깨웠습니다. 뭐지? 눈을 뜨고 살펴보니 갓난아기인 첫째가 칭얼대고 있었습니다.

딸의 기저귀를 갈면서 스스로 신기해했습니다. 누가 업어 가도 모를 만큼 깜깜한 잠귀가 이 작고 가녀린 소리에 눈을 뜨다니. 어떤 날은 딸의 배냇짓 웃음소리에 잠이 깨기도 했습니다. 딸이 돌을 지날 무렵까지 그랬습니다. 그 후 저는 다시 잠귀가 무딘 사람으로 돌아갔습니다.

어떻게 저는 딸의 칭얼대는 소리, 배냇짓 소리를 들을 수 있었을까요? 딸에 대한 사랑 때문이었겠죠. 사랑하게 되면 그 대상에 마음이 기울어지거나 쏠리는 것은 당연한 일입니다.

마셜 B. 로젠버그는 『비폭력 대화』 제7장 '공감으로 듣기'에서 장자(莊子)의 글을 다음과 같이 인용하고 있습니다.

듣는 것에는 귀로만 듣는 것이 있고, 마음으로 이해하며 듣는 것이 있다. 그러나 영혼으로 들을 때는 몸이나 마음 같은 어느 한 기능에 국한되지 않는다……. 그러면 바로 앞에 있는 것을 그대로 직접 파악할 수 있게 된다. 그것은 절대로 귀로 듣거나 마음만으로 이해할 수 없는 것들이다.

첫째는 어릴 때부터 '껌'이라는 별명이 붙을 만큼 언제나 저를 따라다녔습니다. 제가 옷을 입고 밖으로 나가면 항상 "어디 가는 거야?"라고 물으며 따라오려고 했지요. 더러 데려가기도 했지만 그렇지 못할 때는 첫째의 대성통곡을 한바탕 듣고 나서야 집을 나설 수 있었습니다.

마음과 영혼으로 듣는 내 아이의 말

제가 청와대 행정관으로 발탁되면서 제 가족은 다시 수도권으로 유(U)턴했습니다. 첫째가 초등학교 고학년이 되자 점점 자연스러운 대화가 어려워졌습니다. 얼굴엔 고민이 가득한데, 물어도 대답하지 않거나 얼버무리는 경우가 많았습니다. 여러 번 캐물어야 겨우 답변을 들을 수 있었습니다.

저는 아이가 제 이야기를 무시하나 싶어 화가 났습니다. 왜 말을 제대로 하지 않느냐고 윽박지르기도 했어요. 첫째는 그때마다 울기만 할 뿐 속마음을 털어놓지 않았습니다. 저는 화를 낸 것을 후회했지만 답답함은 참 견디기 힘들었습니다.

이런 일이 자주 되풀이되자 사춘기 증상이겠거니 생각하며, 그냥 시간이 지나면 나아지겠거니 미루어두었습니다. 첫째는 사춘기가 지나고 저와 대화를 무리 없이 나누는 것 같았지만 여전히 속마음은 꽁꽁 숨겨두는 눈치였습니다.

열여덟 살 무렵의 어느 날, 첫째가 펑펑 울며 자신의 사춘기 시절 이야기를 털어놨습니다. 첫째는 2학년까지 괴산의 산골 초등학교에 다니다가 경기도 파주시 교하지구 아파트 단지 옆 학교로 전학했습니다. 저는 첫째가 친구들과 무리 없이 어울리고 학교생활을 잘했던 것으로 기억했습니다.

그런데 첫째의 이야기는 제가 알던 것과 전혀 달랐습니다. 자신이 산골 학교에 다녔다는 사실이 너무 부끄러워 친구들이 물어볼까, 늘 겁이 났다고 합니다. 그걸 물어보는 친구에겐 충북 청주시에서 학교에 다녔다고 거짓말을 하기도 했답니다. 거짓말을 하고 난 뒤엔 그게 들통날까 봐 늘 조마조마한 나날을 보낸 것입니다.

첫째는 중학교에 입학한 뒤 더이상 고향을 묻는 친구가 없어서 거짓말을 할 필요도 없었지만 늘 자신을 감추고 있는 것 같아 마음을 터놓고 친구를 사귀지 못했답니다. 공부는 제법 했기 때문에 학교에선 모범생이었지만 그 나이 또래의 발랄함과 자연스러움은 누리지 못했던 겁니다.

첫째의 이야기를 듣고 난 뒤 제 눈에도 눈물이 줄줄 흘러내렸습니다. 그렇게 힘든 시간을 보냈는데 눈치조차 채지 못했다는 사실이 미안하고 부끄러웠습니다. 잠결에 배냇짓 웃음소리까지 들었던 사랑과 관심의 마음으로 그 무렵의 딸을 바라봤다면 이런 후회스러운 사태는 만들지 않았을 것입니다.

첫째가 저한테 처음부터 입을 닫지는 않았겠지요. 아빠한테 무어라고 의사 표현을 했겠지요. 그러나 전 큰딸의 말을 겉으로 드러난

것만 듣고 판단하는 부모였습니다. 큰딸의 이야기를 주의 깊게 듣기보다는 책을 많이 읽으라 잔소리를 퍼붓고 방학 때마다 천자문을 열 번씩 쓰도록 숙제를 내주는 데 더 관심을 기울였으니까요.

저와 같은 실수를 하지 않으려면 부모는 아이들의 이야기를 마음으로, 영혼으로 듣는 태도를 갖는 것이 좋습니다. 한마디로 경청을 배워야 합니다. 경청은 귀기울여 듣는 것입니다. 영어로 'Active Listening'이라고 하는데 이는 적극적으로 듣기라는 뜻입니다.

공존을 위한 사회적 기술, 듣기

2015년 6월 17일, 고려대 철학과 조성택 교수 등과 '경청포럼'을 만들고 몇 년 동안 참여한 적이 있습니다. 여기엔 조 교수를 비롯해 다양한 분야의 오피니언 리더들이 이사진을 맡았고 저는 기획위원으로 활동했습니다. 당시 창립식 내용이 중앙일보(2015. 6. 18.)에 실렸습니다.

한국인들은 서로의 이야기에 얼마나 귀 기울이고 있을까. 한국리서치 조사 결과 '나는 남의 이야기를 경청한다'고 응답한 비율이 62퍼센트에 달한 반면 '다른 사람이 내 이야기를 경청한다'고 답한 비율은 7퍼센트에 그쳤다. 그만큼 의사소통이 자기중심적으로 이뤄지고 있다는 의미다. 이로 인한 갈등의 사회적 비용은 국내총생산

(GDP)의 27퍼센트(삼성경제연구소 조사)에 이르는 것으로 추정된다.

'몸을 낮게 기울여 상대의 이야기를 듣는다.' '함께하는 경청(傾聽)' 포럼(이하 '경청')이 17일 오후 서울 안국동 안국빌딩 W스테이지에서 공식 출범했다. 문제 해결의 주체인 시민들이 모여 참여와 책임의식, 공동의 선(善)을 바탕으로 대화와 합의의 모범을 만들어나가자는 취지다. '경청포럼'은 이날 창립선언문에서 "갈등이 심각한 우리 사회에서 절실한 것이 바로 시민의 지혜"라며 "진정한 대화의 문화를 만들고 시민의 지혜를 함양하는 역할을 하겠다"고 밝혔다.

'경청포럼'은 연구작업을 통해 상대방의 이야기를 듣는 유형을 다음과 같이 나누었습니다. '나는 과연 어느 유형일까' 한 번 스스로 돌아보는 게 좋겠습니다

절벽형: 상대방 이야기를 들으려 하지 않음.
건성형: 상대방 이야기를 듣기는 하지만 건성으로 듣거나 알아듣지 못함.
매복형: 상대방 이야기를 듣고 말꼬리를 잡거나 반박하려 함.
직역형: 상대방 이야기를 곧이곧대로 듣기만 하지 속뜻을 알아채지 못함.
경청형: 상대방 이야기에 귀 기울이고 이해하려고 노력함.

미국 커뮤니케이션 학자 브라이언 스피츠버그와 마이클 헥트의 연

구(Brian Spitzberg & Michael Hecht, 1984)에 따르면, 경청이 상대방의 소통 만족도를 좌우하는 가장 결정적 요인이라고 합니다. 미국 대학생을 대상으로 조사한 설문조사 결과에 따르면, 소통 능력을 판단하는 기준을 묻는 질문 가운데 62.3퍼센트가 '잘 듣는 사람'이라는 항목을 선택하여 가장 높게 나왔다고 합니다(이범준, 「경청·대화 행위 척도의 개발」 논문에서 재인용).

이범준 박사는 위 논문에서 "듣기를 행하는 방식은 개인이 생각하는 것 이상으로 소통 상대방에게 중요할 수 있다. 듣기를 구성하는 언어적, 비언어적(non-verbal) 행위들은 상대에게 자신에 대한 인정, 존중의 징표로 해석될 수 있기 때문이다. 또한 나와 다른 타인의 말과 생각을 '관찰'하는 통로가 되기 때문에 상호 이해의 질을 높이는 가장 주요한 수단이 된다. 듣기는 타인과 공존하며 살아가기 위해 필요한 특별한 사회적 기술(social skill)이며, 그것을 일상의 행위양식(conduct)으로 정착시키는 것은 쉬운 일이 아니다. 따라서 자신의 또는 우리의 듣기 방식에 대해 성찰적으로 관심을 갖도록 할 필요가 있다"고 역설하고 있습니다.

부모가 아이들의 이야기를 깊게 경청할 때 아이들은 자신이 인정받고 존중받고 있다는 감정을 느끼기 때문에 제약 없이 자기 뜻을 말로 풀어낼 수 있어요. 말을 잘한다는 것은 일방적으로 자신의 이야기를 상대방에게 던지는 것이 아닙니다. 상대방이 무엇을 듣기를 원하는지, 자신의 이야기가 잘 전달되고 있는지를 세심하게 살피며 말하

말 잘 하는 아이, 글 잘 쓰는 아이

는 것입니다.

말 잘하는 아이는 경청을 잘하는 부모로부터 나옵니다.

───── **말 잘하는 아이를 위한 부모 길잡이 : 경청(Active Listening)** ─────

아이의 이야기를 마음을 열고 귀를 기울여 적극적으로 듣자.

- 아이는 자신이 인정받고 존중받고 있다는 느낌을 받게 되어 자기 뜻을 제약 없이 표현하게 된다.
- 경청은 상대방과의 소통 만족도를 극대화한다.

경청을 위한 체크 리스트

'경청포럼'은 경청을 위한 구체적인 태도의 변화를 조언하고 있습니다. 부모가 이 가운데 몇 가지를 실천하고 있는지 스스로 테스트를 해보면 좋겠습니다.

☐ 상대방의 말에 고개를 끄덕이거나 관심 있는 표정을 짓는다.

☐ 상대방의 말을 되짚어 보며 의미를 헤아린다.

☐ 상대방의 말에 추임새를 넣는 등 반응한다.

☐ 상대방이 자신의 생각을 말할 수 있도록 권유하고 격려한다.

☐ 비유나 예시 등을 들어 상대방이 이해하기 쉽게 설명한다.

☐ 내가 상대방의 말을 어떻게 이해하고 있는지 확인하는 질문을 한다.

☐ 상대방의 반응을 보고 추가 설명을 한다.

☐ 의견을 뒷받침하는 이유와 근거를 제시하려 노력한다.

☐ 비난하거나 인신공격하지 않는다.

☐ 반말하거나 낮춰 부르지 않는다.

☐ 대화 예절이나 규칙에 어긋나는 행동을 하지 않는다.

☐ 대화 주제에 대한 의견을 분명히 표현한다.

4장

글 잘 쓰는 아이

1. 빨간펜보다 아낌없는 박수를

아이가 글을 쓰면 무조건 박수를 쳐야 합니다. 아이들이 눈으로 보고 귀로 듣고 머릿속으로 생각한 것을 몇 개의 자음과 모음을 결합한 문자로 옮긴 다는 사실은 기적입니다. 아이들이 부모와 선생님에게 존중받는 가운데 자연스럽게 글을 쓰고, 그 경험이 축적돼 자신을 표현하는 기본 능력을 갖추는 교육이 필요합니다.

우리나라 사람들은 대부분 글쓰기에 두려움이나 울렁증을 갖고 있습니다. 왜 그런 것일까요? 저는 그 이유를 초등학교 일기에서 찾습니다. 일기는 아이들이 세상을 향해 내보이는 최초의 글입니다. 학교에 들어가기 전 글자를 배워 부모님이나 가족들에게 편지나 카드를 쓰는 경우도 있지만, 그것은 가족의 울타리 안에서 이뤄지는 일입니다. 일기는 아이들이 세상 밖으로 나가 선생님을 통해 자신이 쓴 글의 사회적 반응을 처음 만나게 되는 거죠.

초등학교 일기 쓰기와 글쓰기 트라우마

제 딸이 초등학교 다닐 때, 우연히 일기장을 본 적이 있습니다. 거기에 선생님은 문법이 틀린 문장이나 오탈자를 빨간펜으로 꼼꼼하게 바로잡아 주셨더군요. 심지어 제 딸아이 일기 내용의 어떤 부분이 틀렸다며 이렇게 쓰는 것이 맞다는 의견까지 적혀 있었습니다. '참 잘했어요' '잘했어요' '더 노력해요' 같은 평가가 새겨진 도장도 찍혀 있었죠.

딸이 학교에 일기를 안 써 가서 선생님에게 야단을 맞거나 벌을 서기도 했다는 얘길 들었습니다. 방학 때 일기가 밀리면 허겁지겁 얘기를 꾸며서 빈 페이지를 채우는 모습도 보았고요. '내가 초등학교 다닐 때도 그랬는데, 30년이 지나도 방학 숙제 풍경은 달라진 게 없구나' 생각하니 쓸쓸한 웃음이 나기도 했습니다. 딸아이 친구는 캠프에 가기 위해 며칠 동안의 일기를 미리 써놓기도 했답니다.

제 기억 속에도 그랬고 제 딸 세대에게도 일기는 숙제와 같은 강박의 느낌이 늘 따라다닙니다. 제가 글쓰기 강사를 하면서 '아이들의 일기 쓰기에 대한 선생님의 지적이 과연 이대로 좋은가?' 하는 의문이 들기 시작했습니다. 일기 쓰기처럼 글쓰기를 강박 속에서 시작한다면 평생 글쓰기는 짐이 될 수밖에 없습니다.

실제로 제가 강의장에서 만난 성인들 대부분은 글쓰기에 얽힌 트라우마를 한두 개쯤 갖고 있었습니다. 초등학교 일기 쓰기에서 시작된 '글쓰기 지적질'이 중학교, 고등학교, 대학교를 지나 직장에서도 이어지기 때문입니다. 아이나 어른이나 글쓰기는 늘 마치지 못한 숙제처럼 우리의 가슴을 짓누르고 있습니다.

제가 글쓰기를 강의할 때 가장 신경 쓰는 건 수강생들이 직접 쓴 글에 대한 첨삭 피드백입니다. 매시간 글쓰기 과제를 내고 그걸 작성하면 모든 수강생이 듣는 자리에서 공개적으로 글에 대한 평가를 진행합니다. 이를 통해 자신의 글이 서 있는 좌표를 확인하고 글을 고치는 실질적인 방법을 배우죠.

사실 어느 측면을 부각하느냐에 따라 한 편의 글에 수십 가지 평가가 나올 수 있습니다. 같은 내용에 대한 평가도 비판이나 칭찬의 수위를 다양하게 정할 수 있고요. 수강생들의 글에 대해 어떤 측면을 부각하고 그 수위를 어떻게 정할 것인가가 글쓰기 강사인 제게는 늘 고민이었습니다.

글쓰기 강사를 막 시작할 무렵 대학교 때 문학 동아리에서 활동하던 기억이 떠올랐습니다. 아마추어 문학청년들이지만 대부분 전문 작가의 꿈을 갖고 참여하는 모임이라 언제나 열띠고 진지한 분위기였습니다. 그중에는 문단에 데뷔해 문예지에 작품을 발표하기 시작한 선배도 한둘 있었습니다. 매주 작품을 내고 이를 평가하는 합평회가 동아리 모임의 가장 중요한 활동이었습니다.

선배들은 동아리 활동을 통해 후배들이 더 단련되고 정교해지길 바란다고 하면서 작품 전체 구조부터 토씨 하나까지 아주 가혹한 평가를 내리곤 했습니다. 작품을 칼날 같은 말로 낱낱이 해부하고 까발립니다. 더러 도움이 되는 지적도 있지만 대부분 좋은 글의 기준도, 방법도 제시하지 않고 그때그때 감정에 따라 다른 평가가 나오기도 했지요. 냉정하게 이야기하면 선의로 포장된 악담이라 할 수 있습니다.

밤새 작품을 완성하고 내심 호평이 나오리라 기대했던 희망은 여지없이 무너지고 초라한 졸작만 덩그러니 남게 됩니다. 무너진 마음을 추스르고 다시 원고를 쓰기까지 오랜 시간이 걸릴 때도 있었습니다. 어떤 여학생은 혹평을 견디지 못해 울면서 동아리방을 뛰쳐나갔습니다. 이렇게 하나둘씩 커다란 마음의 상처를 입고 문학을 포기하고 동아리를 떠납니다. 극소수만 남아 그 혹독한 시간을 견뎌냅니다. 그 시간을 견뎌냈다고 모두 전문 작가가 되는 것도 아닙니다.

아마 지금도 전국에 있는 대학교의 문학 동아리가 그때와 비슷한 모습일지 모르겠습니다. 단언컨대 문학 동아리에서 주고받은 칼날 같은 말은 제 글을 발전시키는 데 거의 도움이 되지 않았습니다. 오히려 길을 잃게 했습니다. 노력해야 할 방향이 뚜렷하게 보이지 않으니 시간이 갈수록 문학을 신비로운 어떤 것으로 생각하게 만들었지요.

그래서 저는 글쓰기 강의만큼은 그때의 실패를 되풀이해선 안 되겠다고 생각했습니다. 첨삭 피드백의 목적은 너무도 명확합니다. 글쓰기 강사로서 제 지식과 실력을 보여주기 위함이 아니라 수강생들의 글쓰기 고민을 풀어주기 위한 것입니다. 그 목적에 충실하기 위한 전략을 세웠습니다.

같은 과정을 듣는 수강생이지만 사람에 따라 실력 차가 뚜렷이 나타납니다. 글쓰기 경험이 많고 실력이 있는 수강생에겐 엄격한 기준을 들이대며 문제점 위주로 깐깐하게 살펴봅니다. 그러나 그런 경우에도 문제점이라 하지 않고 보완점이라 말합니다. "이 점을 고치면 글의 수준이 더 높아질 수 있다"고 말합니다. 글쓰기 경험이 거의 없고 실력이 떨어지는 수강생에겐 느슨한 기준을 적용해 작은 장점이라도 더 키우기 위한 방법을 이야기합니다. 한 편의 글을 완성했다는 사실만으로도 아낌없이 칭찬합니다.

의사가 환자의 상태에 따라 처방을 달리하듯 수강생의 준비 정도에 맞춰 첨삭 피드백을 진행한 결과, 실력 유무와 상관없이 모두 글쓰기가 향상되는 결과가 나타났습니다. 무엇보다 수강생들이 자신의 글쓰기를 사랑하고 앞으로 꾸준히 노력해 키워나가려는 생각을 하게 됐다는 점이 제겐 가장 뿌듯한 일이었습니다.

성인도 이런데, 초등학생들은 어떻겠습니까? 아이들의 일기에 빨간펜을 들지 않았으면 좋겠습니다. 초등학교 선생님들에게 부탁하고 싶습니다. 아이가 일기를 써오면 그냥 칭찬만 해주면 안 될까요? 맞춤법은 국어 시간에도 배울 수 있습니다. 맞춤법을 잘 알지만 글을 쓰지 않는 아이보다 맞춤법은 좀 틀려도 글을 쓰는 아이가 더 낫지 않을까요?

자기의 하루하루를 기억하고 기록하는 방식은 아이마다 독특합니다. 신문기사를 쓰는 것도 아닌데 정확성과 개연성이라는 어른의 관점을 꼭 개입시켜야 할까요? 아이들이 쓴 내용이 앞뒤가 맞지 않는 것처럼 보인다고 이것은 틀리고 저것이 맞다고 가르치지 않았으면 좋겠습니다. 아이들은 경험과 표현을 일치시키는 데 서툰 것일 뿐 경험을 왜곡한 것이 아닙니다.

아이들이 새롭게 쓸 얘기가 없는데 기계적으로 하루하루 빈칸을 메우는 것보다는 어떤 주제나 소재를 제시해 일기를 쓰는 것이 좋지 않을까요? 하루는 부모가 차려준 음식에 대해, 하루는 친구에 대해, 하루는 재밌게 본 영화나 만화에 대해, 하루는 책에 대해……. 이런 식으로 요일마다 주제를 달리한다면 일기 쓰는 일이 조금 덜 지루하지 않을까요?

일기를 시험처럼 평가하지 않았으면 좋겠습니다. 아이들은 일기를 썼다는 사실만으로도 모두 박수를 받아야 합니다. 무엇보다 일기를 숙제처럼 강박으로 느끼지 않게 해야 합니다. '글을 쓰면 이렇게 지적질을 당하는구나, 글을 쓰지 않으면 혼나거나 벌을 서는구나'라고 아이들이 겁먹지 않게 해야 합니다.

집에서도 마찬가지입니다. 이이들이 쓴 글에 대해 부모가 학교 선생님처럼 빨간펜으로 온갖 지적질을 한다면 아이에게 글쓰기는 고통스러운 일이 될 것입니다. 선생님과 부모의 눈치를 봐가며 쓰는 글에 아이는 자기 생각을 제대로 담지 못하고 혼나지 않을 방법만 궁리하게 됩니다.

어떤 선생님과 부모는 글의 내용이 아니라 글씨를 못 쓴다고 혼을 내기도 합니다. 그런 지적을 받은 아이들은 글과 글씨 모두에 트라우마를 갖게 됩니다. 한 가지 기준으로 잘 쓴 글씨, 못 쓴 글씨를 따지지 말고 아이가 자신의 글씨를 자연스럽게 발전시킬 수 있도록 격려해야 합니다. 자신의 손글씨를 부끄러워하며 다른 사람에게 보이기 싫어하는 어른을 보면 얼마나 어릴 때부터 야단을 맞았을까, 제 마음이 다 아플 때가 있습니다.

어린 시절엔 머릿속 생각이 바깥세상으로 무한정 뻗어나가는 확장의 글쓰기를 해야 합니다. 지적질은 생각을 움츠러들게 합니다. 생각이 움츠러들면 글에 쓸 내용이 점점 사라집니다. 아이들이 두세 줄 쓰고 더 쓸 내용이 없다거나 매일 비슷한 내용을 되풀이하는 것은 이 때문입니다.

아이들이 글을 쓰면 무조건 박수를 쳐야 합니다. 아이들이 눈으로 보고 귀로 듣고 머릿속으로 생각한 것을 몇 개의 자음과 모음을 결합한 문자로 옮긴다는 사실은 기적입니다. 마치 아기가 처음 입과 혀를 조화롭게 움직여 말을 하기 시작할 때와 비슷합니다. 아기가 틀린 발음을 한다고 혼내거나 바로 잡지 않는 것처럼 아이들의 글쓰기도 마찬가지입니다.

초등학교 아이들이 부모와 선생님에게 존중받는 가운데 자연스럽게 글을 쓰고, 그 경험이 축적돼 자신을 표현하는 기본 능력을 갖추는 교육이 필요합니다. 주체적으로 자신을 표현할 수 있어야 앞으로 마주하는 다양한 지식과 경험을 창의적으로 소화하며, 이를 바탕으로 말과 글로 누군가를 설득하는 소통 능력을 갖추게 됩니다.

주체적으로 자신을 표현하고 글로 누군가를 설득하는 능력 있는 아이로 키우려면

- 일상생활에서 아이를 존중하는 태도로 다양한 경험을 쌓게 한다.
- 아이가 어떤 글감을 선택하든 무조건 수용한다.
- 글을 쓰면 소소한 점이라도 들어 아낌없이 칭찬한다.
- 요약하기, 한 줄 쓰기를 하더라도 꾸준히 글을 쓰도록 유도한다.
- 글쓰기에 자신감이 생기고 습관이 잡히면 문법이나 오탈자 등에도 눈을 돌려 글의 완성도를 높인다.

칭찬은 고래도 춤추게 한다

부모가 아이 글에, 아이가 자기 글에 대해 칭찬할 내용 열 가지씩 적어봅니다.

〈부모 예시〉

- 한 편의 글을 완성한 것을 축하해.
- 글을 엄마(아빠)에게 보여줘 고마워.
- 이 소재를 이렇게 볼 수도 있구나.
- 이렇게 어려운 단어도 알고 있었네.
- 넌 너만의 문장이 있는 거 같아.
- 이 비유는 정말 멋져.
- 어떻게 이런 내용을 생각해냈니?
- 엄마(아빠)도 이런 점은 몰랐어.
- 네 글씨는 세상에 하나밖에 없어. 아주 독특해.
- 다음 글도 정말 기대돼.

〈아이 예시〉 (아이 스스로 적거나 말하도록 한다.)

2. 나로부터 출발하는 글쓰기

아이는 별생각 없이 자기의 일상이나 생각의 한 토막을 글로 씁니다. 글을 쓰는 순간 그것이 떠올랐기 때문에 우연히 선택한 것입니다. 나타나는 방식은 우연이지만 그 내용은 아이 삶에서 아주 소중한 부분일 가능성이 큽니다. 부모와 선생님은 아이의 글을 통해 자기 삶의 의미와 가치를 발견하도록 도와줘야 합니다.

둘째가 저와 함께 『랩걸』(알마)을 읽다가 문득 이런 질문을 던졌습니다. "서양 사람의 글을 읽어보면 메시지를 전달할 때 자신의 삶에 대한 상세한 이야기로부터 출발하는 것 같아요. 근데 우리나라 사람의 글은 자기 이야기를 잘 하지 않아요. 책을 인용하거나 추상적 내용으로 메시지를 주로 던져요."

딸의 이야기를 듣고 눈이 번쩍 떠졌습니다. 왜 동양과 서양 두 문화권에서 이런 차이가 나타나는 걸까? 딸이 제게 흥미로운 주제를 일깨워줬습니다.

『랩걸』의 저자 호프 자런은 화석 삼림을 연구하는 여성 과학자로서 자신의 삶을 통해 식물과 화석의 세계를 흥미롭게 표현하고 있습니다. 자기 삶을 뿌리와 이파리, 나무와 옹이, 꽃과 열매 등 식물의 성장과 결실 과정에 빗대어 풀어내면서 중간중간 우리가 늘 보면서도 알지 못했던 식물의 미시 혹은 거시 세계를 실감 나게 그리고 있습니다.

접근하기 어려운 과학지식이지만 호프 자런의 유쾌하고 약간 괴짜 같기도 한 캐릭터를 만나면 즐거운 이야기가 됩니다. 저자가 직접 겪은 체험을 바탕으로 이야기가 구성되어 있어 무엇보다 강한 진정성이 느껴집니다. 언제 우리나라에도 이런 글을 쓰는 과학자가 나올까, 미국 문화가 부럽기조차 했습니다.

내 인생의 스토리텔링

버락 오바마는 2004년 민주당 전당대회에서 존 케리 대선 후보를 지지하는 기조연설을 합니다. 여기서 '내 인생 스토리텔링'이라는 막강한 설득의 무기를 유감없이 활용합니다. 오바마는 그 자리에 서게 된 자기 삶과 아버지, 어머니 집안의 역사를 먼저 이야기하는 것으로 청중을 사로잡았습니다.

미국의 중심이자 거대한 주, 링컨의 고향 일리노이를 대신해 제게 전당대회 연설을 허락해주어 깊은 감사를 드립니다. 오늘은 명예로운 밤입니다. 왜냐하면, 이 무대에 제가 서 있는 것은 아주 이례적인 일이기 때문입니다.

제 아버지는 케냐의 작은 마을에서 태어나고 자란 외국 유학생이 었습니다. 아버지는 염소를 몰며 자랐고 양철 지붕이 덮인 판잣집 학교에 다녔습니다. 내 친할아버지는 영국인의 가사 노예로서 요리사 였습니다.

하지만 할아버지는 자식에 대해 큰 꿈을 갖고 있었습니다. 열심히 일하고 인내해 아버지는 마법과 같은 나라, 미국에서 장학금을 받아 공부할 수 있었습니다. 예전에 왔던 사람들에게 자유와 기회의 등불을 밝혔던 곳입니다.

아버지는 거기서 공부하는 동안 어머니를 만났습니다. 어머니는 지구 반대쪽에 있는 캔자스의 한 마을에서 태어나셨습니다. 외할아버지는 대공황 시절 석유 굴착장과 농장에서 일했습니다.

진주만 습격 다음날, 그는 패튼 장군의 군대에 입대했고 유럽으로 진군했습니다. 집으로 돌아왔을 때, 외할머니는 폭탄 공장에서 일하며 아이들을 키웠습니다.

전쟁이 끝난 후 그들은 제대군인 원호법의 지원을 받아 공부했고 연방관리국을 통해 주택을 마련했습니다. 기회를 찾아 서부의 끄트머리 하와이로 이주했습니다.

오바마는 친가와 외가 양쪽 가계사를 통해 자신이 물려받은 인종적, 문화적 다양성에 감사하며 오직 미국에서만 이런 자신의 성공 스토리가 가능했다고 역설합니다. 이 '내 인생 스토리텔링'은 흑인 오바마에 대한 정서적 거부감을 덜어주면서 위대한 미국 덕분에 오늘날 자기의 삶이 가능했다는 정체성을 강하게 발산합니다.

이렇게 미국에 대한 긍지와 자신감을 청중들에게 고취시키며, 자신이 전하려는 궁극적 메시지인 "우린 할 수 있어요(Yes, We Can)!"를 청중에게 깊이 각인시킵니다. 오바마는 이 연설을 통해 무명의 정치인에서 일약 세계적인 정치 스타로 발돋움했고, 4년 뒤 최초의 흑인 대통령에 당선될 수 있었습니다.

우리나라 오피니언 리더들의 책이나 글, 연설을 보면 솔직한 자기 이야기를 찾기 어렵습니다. 자기의 위대함, 대단함을 내세울 때만 '내 인생 스토리텔링'이 작동합니다. 실패하거나 패배한 이야기는 빼고 성공하거나 승리한 이야기만 넣습니다. 사진이 명암의 예술이듯 글도 명암의 대비가 감동을 만들어내는데, 그림자 하나 없이 온통 밝은 조명만 비춘 내용은 박제물 같은 느낌이 듭니다.

부모는 아이가 자기소개서를 쓸 때 아이가 실제로 겪었던 경험, 거기서 얻게 된 꿈, 생각, 의지를 별로 중요하게 생각지 않습니다. 좀 더 특별하고 고차원적인 이야기를 글에 담길 원합니다. 선생님도 마찬가집니다. 대학으로 이어지는 진학 과정, 회사로 이어지는 취업 과정 전체가 그런 것을 원한다고 생각하기 때문에 부모와 선생님도 어쩔 수 없이 다른 선택을 할 수 없다고 하소연합니다.

부모와 선생님은 아이가 제대로 소화도 하지 못한 지식이나 프로

그림을 맥락도 없이 글에 끼워 넣으려고 합니다. 아이는 생각합니다. 글 속에서 자신의 일상, 자신의 삶은 보잘것없는 것이고 뭔가 유명한 사람이 만든 특별한 지식, 특별한 프로그램이 더 중요한 것이구나라고. 글에서조차 자신의 삶을 소외시킨다면 아이의 미래는 과연 어떤 모습일까요?

삶의 가치를 발견하는 글쓰기

제가 초등학교 5학년 때 겪은 일입니다. 키가 작아서 맨 앞자리 앉아 수업을 들었습니다. 어느 날 담임선생님이 열심히 칠판에 수업 내용을 적어가다 저를 쳐다보더니 제 공책을 보여달라고 하시더군요. 전 제가 혹시 무슨 잘못을 저질렀나 하는 마음에 대답도 하지 못하고 공책만 쭈뼛이 담임선생님께 내밀었습니다.

담임선생님은 제 공책을 이리저리 뒤적거리며 살펴보았습니다. 선생님 입에서 무슨 불호령이 떨어질까 잠자코 숨죽이며 기다렸죠. 선생님은 공책을 제 책상에 툭 던지고 나서 교실 전체를 한번 휘 둘러본 다음 이렇게 말했습니다.

"방금 승권이 공책을 선생님이 살펴봤다. 승권이는 선생님이 칠판에 적은 대로 필기를 하지 않고 자기 맘대로 판서를 정리했다." 저와 아이들은 곧 선생님이 손에 든 막대기로 제 머리를 내리칠 것으로 예상하고 숨죽이며 다음 동작을 지켜봤습니다. 그러나 선생님은 훈육

봉을 든 손을 움직이지 않고 다음 말을 이어갔습니다.

"이런 태도가 중요하다. 선생님 판서를 아무 생각 없이 옮겨 적는 게 아니라 그 뜻을 잘 생각하며 자기식대로 적는 것이 진짜 공부다. 앞으로 너희들도 승권이한테 자기만의 노트 필기법을 배워보기로 한다. 알겠나?" 아이들이 일제히 "예!"라고 대답하는 소리에 저는 어안이 벙벙한 상태가 됐습니다.

그 일이 있은 뒤부터 저는 친구들 사이에서 '독창적인 아이'라는 평가를 듣게 됐어요. 제가 중학교 때부터 시를 쓰고 고등학교, 대학교를 거치며 전문 작가를 꿈꾸고 기자를 하고 대통령 메시지를 쓰는 청와대 행정관이 되고 작가와 글쓰기 강사가 된 시원을 거슬러 올라가면 담임선생님이 제 노트 필기의 가치와 의미를 발견해준 에피소드와 만나게 됩니다.

아이는 별생각 없이 자기의 일상이나 생각의 한 토막을 글로 씁니다. 글을 쓰는 순간 그것이 떠올랐기 때문에 우연히 선택한 것입니다. 나타나는 방식은 우연이지만 그 내용은 아이 삶에서 아주 소중한 부분일 가능성이 큽니다. 부모와 선생님은 아이의 글을 통해 자기 삶의 의미와 가치를 발견하도록 도와줘야 합니다. 그것이 어른의 역할입니다.

지인이 자기 딸 Y의 자기소개서를 한 번 봐달라고 부탁했습니다. 학부에서 문헌정보학을 전공했는데 로스쿨로 진학하기 위해 일 년간 준비했고 이제 자기소개서를 제출해야 하는 단계에 와 있다는 것이었습니다.

Y의 고민은 문헌정보학을 전공한 뒤 왜 로스쿨로 진학하려고 하는지 그 이유를 스스로 설명하지 못하는 것이었습니다. "계층 상승 욕구로 로스쿨을 지망한 것이 아닌데, 그렇다고 달리 이유를 설명하지 못하겠어요. 입학 담당자와 면접관들이 오해하기 딱 좋겠어요."

그냥 메일로 몇 자 의견을 보내는 것만으로는 별 도움이 되지 않을 것 같아 Y를 한 번 만나는 게 좋겠다는 답장을 보냈습니다. Y를 만나 학부 시절 공부했던 얘기를 자세하게 들었습니다.

"원래 사서를 하고 싶어 문헌정보학을 전공했어요. 그런데 정보화 사회 진행 속도가 너무 빨라 전통적인 사서의 역할이 점점 축소되는 것을 선배들을 통해 알게 됐죠. 3, 4학년 때 데이터베이스 구축에 관심이 많아 관련된 타 전공 강의를 많이 찾아들었어요. 이것을 어떤 분야에 활용하는 것이 좋을까 고민하다 법조계 쪽으로 관심이 기울어지게 됐죠." 법조계로 진출하려면 로스쿨을 가야 해서 갑작스럽게 전공과 진로가 바뀌게 됐다는 설명이었습니다.

저는 Y의 설명을 듣고 이렇게 답했습니다. "법조계야말로 어마어마한 자료와 데이터를 갖고 있을 거예요. 그런데 그게 효율적인 정보 시스템 아래 관리되고 있다는 얘길 들어본 적이 없어요. 법조계의 정보시스템을 선진화하는 걸 목적으로 내세우면 상당히 설득력도 있고 주목도도 높을 거 같은데. 아마 법조인 가운데 문헌정보학을 전공한 사람은 열 손가락만으로도 충분할 만큼 드문 케이스 아닐까?"

어두웠던 Y의 얼굴이 웃음과 함께 활짝 피어났습니다. Y는 그해 서울의 한 대학 로스쿨에 무난히 합격했습니다.

글쓰기 출발은 '나'로부터

1. '주도성 발견하기'에서 진행했던 프로그램을 응용했습니다. 먼저 부모와 아이가 가위바위보를 합니다.

2. 이긴 사람이 진 사람에게 '내 삶에서 가장 인상 깊은 세 가지'를 말합니다. 진 사람은 이긴 사람이 말한 세 가지와 그 이유를 하나하나 묻고 공책에 적습니다. 전체 시간은 10분을 넘지 않는 것이 좋습니다.

3. 진 사람은 자신이 공책에 적은 내용을 이긴 사람에게 들려줍니다. 이긴 사람은 진 사람의 이야기를 통해 자신이 말한 것보다 훨씬 조리 있게 정리됐다는 사실을 발견합니다.

4. 이제 역할을 바꿔 진 사람이 말하고 이긴 사람이 묻고 적습니다. 마찬가지로 10분 이내로 시간을 맞추세요. 이긴 사람이 공책에 적은 내용을 진 사람에게 들려줍니다.

5. 아이와 부모가 함께 각자 자기가 말한 내용을 다음 형식에 따라 적습니다. 글쓰기는 15분 안에 마칩니다. 잘 쓰려고 노력하기보다 정해진 분량을 채우는 것이 중요합니다. 다 쓴 다음 서로 읽으며 이야기를 나눕니다.

〈시작〉

내 삶에서 인상 깊은 세 가지 이야기를 지금부터 적어보겠습니다.

〈중간〉 (최소 열다섯 문장 이상을 써야 합니다.)

첫째 :

이유:

둘째 :

이유:

셋째 :

이유:

〈마무리〉

한마디로 내 삶은 _____ 이다.

3. 낯설게 보기, 화자 바꾸기, 자세히 보기

사물이나 사태의 모습을 표피나 윤곽만 보고 쓰는 경우 따분하고 뻔한 이야기로 흐르기 쉽습니다. 깊게, 한층 더 깊게 파고 들어가는 것입니다. 사물과 사태는 구체와 미시의 세계로 내려올수록 우리에게 더 많은 비밀을 털어놓습니다. 물론 전체를 조망하는 망원경도 필요하지만 글을 쓰는 사람에겐 돋보기와 현미경이 더 절실합니다.

일상에서 발견하는 특별함

부모나 아이들이 글에 대해 갖고 있는 편견이 한 가지 있습니다, 글은 대단하고 특별한 이야기를 쓰는 것이라는. 불교 가르침에 '혁범성성(革凡成聖)'이란 말이 있습니다. '평범한 사람을 변화시켜 성인으로 만든다'는 뜻입니다. 저는 글쓰기야말로 혁범성성의 과정이라고 생각합니다. 아주 사소한 것, 늘 되풀이되는 일상에서 특별하고 뛰어난 이야기를 이끌어내는 것입니다.

그렇게 하려면 세 가지 방법이 있는데 그것은 바로 낯설게 보기,

화자 바꾸기, 자세히 보기입니다. 낯설게 보기는 익숙한 상황과 사물로부터 전혀 새로운 의미를 발견하는 것입니다. 화자 바꾸기는 익숙한 상황과 사물을 전혀 다른 화자를 통해 새로운 관점으로 전달하는 것이죠. 자세히 보기는 익숙한 상황과 사물에 대해 미시적 접근을 통해 새로운 세계를 보여주는 것입니다.

첫째, '낯설게 보기'입니다. 몇 년 전 제 고향 충북 괴산에서 귀농, 귀촌 여성들에게 글쓰기 워크숍을 진행했습니다. 도시에서 시골로 이식된 여성의 삶은 어떤 것일까, 궁금했습니다. 예전에 제가 귀농했을 때 제 아내도 겪었을 사연일 텐데 그 무렵엔 그것을 돌아보지 못했다는 아쉬움과 미안함이 새삼 다가왔습니다. 거기 참석했던 한 분이 자신의 글을 낭독했는데, 대략 이런 내용이었습니다.

남편과 귀농을 한 이후 첫아이를 가졌어요. 귀농을 한 초기니까 얼마나 일이 많았겠어요. 남편은 시골에 내려오기 전까지는 삽자루도 한번 제대로 잡아보지 않은 도시 남자였죠. 몸 쓰는 일을 해본 적이 없으니 얼마나 일이 힘들고 서툴었겠어요? 그런데 제가 아이를 가지는 바람에 밥하고 집안 살림하는 것 외엔 다른 일을 거들 수 없었어요. 그야말로 엎친 데 덮친 격이었죠. 그래도 남편은 늘 씩씩하고 밝았어요. 아이가 생긴 걸 얼마나 좋아했는지 몰라요. 저녁마다 제 배에 귀를 갖다 대며 아이처럼 웃곤 했죠.

몇 달 후, 청주에 있는 산부인과에서 아들을 낳았어요. 남편은 바쁜 농사일에도 매일 청주까지 트럭을 몰고 와 저와 아들을 즐겁게 바라보다 돌아가곤 했죠. 이틀 입원하고 퇴원하는 날이었어요. 전 아이를 안고 더블캡 트럭(앞뒤 좌석에 대여섯 명이 탈 수 있는 트럭) 뒷자리에 올라탔죠. 남편이 나를 부축한 다음 앞문을 열고 운전석에 앉았는데, 갑자기 생소한 느낌이 드는 거예요.

남편이 운전하는 뒷모습을 그 순간 처음 본 거죠. 아이를 낳기 전엔 항상 남편 옆 조수석에 앉아서 운전하는 남편의 뒷모습을 볼 일이 없었던 거죠. 짠한 마음이 들더군요. 남편의 어깨와 목덜미가 더 무겁고 축 처진 것처럼 보였어요. 빠듯한 시골 살림에 입이 하나 더 늘었으니 앞으로 짊어져야 할 부담이 얼마나 컸을까, 뒷모습에서 확 느껴졌어요. 지금도 그때를 떠올리면 눈시울이 시큰해져요.

낭독을 다 듣고 난 뒤 저는 깜짝 놀라고 말았습니다. 어떻게 저렇게 사소하고 익숙한 장면에서 삶의 본질을 포착해냈을까? 잔잔하지만 큰 감동을 이토록 날렵하게 잡아챌 수 있을까? 이 글은 제게 글쓰기의 기본 속성 가운데 하나인 '낯설게 보기'의 가치를 다시 발견하게 만들었습니다.

글쓰기의 출발, 낯설게 보기

나이가 들면 잔소리가 늘고 '꼰대'가 된다고 합니다. 경험을 많이

했으니 어떤 일이 어떻게 진행될 것이라 예측하고 그대로 믿는 것입니다. 익숙한 패턴으로 현실을 손쉽게 재단해버립니다. 부모가 아이들에게 이런 태도로 대한다면 아이들이 사물과 상황을 '낯설게 볼' 가능성은 점점 사라집니다.

부모는 아이들 앞에서 자신의 판단을 유보할 수 있어야 합니다. 단지 질문을 던질 수는 있겠지요. 그다음 잠자코 기다렸다 아이의 답변이 나오면 그것에 가치와 의미를 부여해줘야 합니다. 아이가 A를 보고 B를 말했을 때 연관성과 개연성이 없거나 부족하더라도 부모는 칭찬을 아끼지 말아야 합니다. 원래 창의성은 서로 무관해 보이는 것들을 연결했을 때 피어납니다.

글쓰기 워크숍을 마치고 나면 참가자들에게 꼭 들려주는 이야기가 있습니다. 난해한 시를 읽거나 추상화를 감상하라는 것입니다. 쉽게 읽히는 시, 눈에 익숙한 그림을 보는 것도 좋지만 그것만 감상하면 생각의 회로가 한 방향으로 굳어집니다. 창의적 생각을 하기 위해선 익숙한 생각의 회로를 교란시킬 필요가 있죠.

난해한 시와 추상화를 감상하는 방법은 무엇일까요? 해석하지 않고 있는 그대로 받아들이는 겁니다. 아스팔트와 장미를 왜 연결시켰을까, 헤아리지 않고 '아스팔트는 장미다'라고 받아들이는 것, 검은 바탕에 빨간색의 날카로운 스크래치가 무슨 의미일까 헤아리지 않고 마음으로 사진을 찍듯 그대로 받아들이는 것입니다.

예측할 수 없는 생각의 경로를 만나고 낯선 개념, 표현과 씨름해야 합니다. 글쓰기는 '낯설게 바라보기'를 경험하는 시간입니다. 너무 익숙해 나와의 거리감조차 느껴지지 않는 풍경, 사물, 상황, 생각을 마치 처음 보는 것처럼 다르게, 신기하게 바라보는 것, 여기서 글쓰기는 출발합니다.

화자 바꾸기로 창의적인 일기 쓰기

둘째, '화자 바꾸기'입니다. 주인공은 작가가 작품 속에서 자신의 메시지를 전하기 위해 주된 역할을 하는 인물이고 화자는 이야기를 진술하고 이끌어가는 인물입니다. 물론 화자가 생물이나 무생물일 수도 있습니다. 화자를 바꾸면 전혀 새로운 이야기가 펼쳐지지요.

움베르토 에코의 소설 『장미의 이름』을 예로 들면 윌리엄 수도사가 주인공이고 화자는 그의 이야기를 전달하는 윌리엄의 제자 아드소입니다. 이 소설은 아드소의 관점에서 글의 내용과 전개 방향이 결정되고 있습니다. 아마도 윌리엄이나 수도원의 영적 지도자 우베르티노 수도사를 화자로 삼았다면 이 소설은 180도 다른 작품이 됐을 겁니다.

'화자 바꾸기'가 가장 유용한 분야는 자신의 이야기를 쓸 때입니다. 우리는 자신이 살아온 길을 잘 알고 자신의 일상에 아주 익숙해져 있기 때문에 자신의 이야기를 그렇고 그런 식상한 것으로 느낄 수 있습니다. 재밌고 신이 나야 자판을 두드리는 손가락이 경쾌할 텐데, 이렇게 맥 빠진 기분이 들면 쓰기도 어렵고 쓴 결과도 형편없어요.

바로 이럴 때 화자를 바꾸는 것입니다. 몇 년 전 서울에서 글쓰기 워크숍을 할 때 경험했던 일입니다. 60대 중반의 한 여성이 어린 시절 겪었던 일을 자서전 형식으로 글을 써서 매주 발표했습니다. 다른 참가자의 글보다 이 여성의 글이 특히 큰 주목과 높은 평가를 받았습니다. 그 이유는 화자가 색달랐기 때문입니다.

다른 참가자는 '나'를 화자로 삼아 자신의 이야기를 전개했습니다. 그런데 이 여성은 할머니, 식모 언니, 아버지, 남동생을 각각 화자로 내세워 이야기를 풀어냈습니다. 겉보기엔 화자들이 자신의 이야기를 진술하는 것 같았지만 결과적으로는 이 여성의 이야기로 모아졌습니다. 다른 사람의 이야기 속에 이 여성의 이야기가 퍼즐 조각처럼 흩어져 있었지만 다 읽고 나면 신기하게 이 여성이 살아온 삶의 이야기가 한 맥락으로 이어졌습니다.

'화자 바꾸기'는 아이들 일기 쓰기에 적용하면 좋습니다. 아이들이 일기를 쓸 때 꼭 '나는 무엇을 했다'라고 쓰지 않는 것입니다. 예를 들어 화자를 스마트폰으로 바꾸면 어떤 글이 펼쳐질까요?

스마트폰은 알람을 아무리 울려도 일어나지 않는 자신의 꼬마 주인을 먼저 흉볼 것입니다. 식탁에서 밥을 먹으면서 자신을 놓지 않아 꾸중을 듣는 꼬마 주인의 '스마트폰 중독'을 반가워할 수도 있고 안타까워할 수도 있을 겁니다. 학교에선 다른 친구들과 함께 보관함에 처박혀 적막한 시간을 보내겠지요. 그러다 하교와 함께 다시 꼬마 주인의 손에 안겼을 때 스마트폰은 어떤 느낌일까요.

이렇게 일기를 쓰면 매일처럼 반복되는 지루한 이야기도 흥미롭고 새로운 것이 될 수 있습니다. 스마트폰뿐 아니라 엄마, 아빠, 선생님, 친구 등으로 화자를 바꿔 쓸 수도 있습니다. 이런 경험을 통해 아이는 자연스럽게 입장을 바꿔 생각하는 버릇을 들일 수 있습니다.

글로 쓰는 세밀화, 자세히 보기

셋째, '자세히 보기'입니다. 일종의 글로 쓰는 세밀화 같은 것입니다. 하나의 사물을 놓고 거기서 그려낼 수 있는 모든 걸 글로 표현합니다.

병의 모양은 심을 잘라낸 연필의 끝부분을 확대해 세워놓은 것 같다. 심이 잘려진 위치에 주황색 마개가 굳게 입을 닫고 있다. 알루미늄 재질의 얇은 판을 나사 형태로 만들어 병 주둥이에 물렸다.
주둥이와 중간쯤부터 시작되는 원통 사이는 날렵한 구배가 잇는다. 구배 부분은 매끄러운 원형이 아니라 0.5센티미터 크기의 직각면으로 나뉘어졌다. 병의 색깔은 마개의 주황색에 검은 물감을 더한 진갈색이다. 원통 부분을 주황색 종이 딱지가 감싸고 있다. 거기 씌었으되, 마시는 비타민C 비타 500.

비타민 음료병을 묘사한 글이에요. 세밀화를 그리듯이 음료병의 특징과 모습을 망라해 그렸습니다. 음료병으로 연상되는 이야기까지 덧붙인다면 족히 서너 페이지 분량의 글이 될 것입니다. 지금 눈앞에 보이는 물건 가운데 하나를 선택해 다섯 문장 이상의 글을 써보기 바랍니다. 늘 보던 물건이지만 새로운 창이 열릴 것입니다.

사물이나 사태의 모습을 표피나 윤곽만 보고 쓰는 경우 따분하고 뻔한 이야기로 흐르기 쉽습니다. 깊게, 한층 더 깊게 파고 들어가는 것입니다. 사물과 사태는 구체와 미시의 세계로 내려올수록 우리에게 더 많은 비밀을 털어놓습니다. 물론 전체를 조망하는 망원경도 필요하지만 글을 쓰는 사람에겐 돋보기와 현미경이 더 절실합니다.

나태주 시인은 「풀꽃」에서 이렇게 노래하고 있습니다.

자세히 보아야
예쁘다

오래 보아야
사랑스럽다

너도 그렇다.

사소하고 되풀이되는 일상에서 특별한 이야기 끌어내기

방법	효과
낯설게 보기 익숙한 것을 처음 보듯, 다르고 신기하게 바라보기	익숙한 상황과 사물에서 새로운 의미를 발견하게 된다.
화자 바꾸기 주인공이나 내레이터 바꾸기	새로운 화자를 통해 다른 관점과 입장에 서서 생각함으로써 사고의 폭이 넓어지고 타인에 대한 이해가 깊어진다.
자세히 보기 글로 쓰는 세밀화	일상이나 사물을 현미경으로 들여다보듯 미시적으로 보여줌으로써 사물에 대한 인식의 폭이 넓어진다.

화자 바꿔 글쓰기

부모와 아이가 각각 '스마트폰이 바라본 나의 하루'를 주제로 글을 써봅니다. 스마트폰을 글의 화자로 삼아 나의 하루 일상을 그려냅니다.

〈예시〉

스마트폰이 바라본 나의 하루　　　　　　(손성훈 작)

　　나는 애플에서 만든 아이폰 XR이다. 중국에서 태어났고, 아이폰 시리즈의 10번째 제품이다. 주인의 아내가 나를 3년 전에 구입했다. 2월부터는 지금 주인이 나를 사용하고 있다. 그의 하루는 6시 알람으로 시작된다. 그리고 12시 잠자리에 들며 마친다.

　　6시까지 5분 남았다. 이제 곧 주인을 깨울 알람을 울릴 시간. 단잠에 빠진 주인을 깨우기 위해 알람을 준비해본다. 그가 설정한 알람 소리는 한 번도 바꾼 적이 없다. 시간이 되었다. 나는 큰 소리로 그를 깨운다.

　　6시가 되자마자 도착하는 메시지들을 확인한다. 회사 관련 키워드가 들어간 기사들이다. 언제나 그렇듯 평일 아침은 바쁜 시간. 나는 주인과 함께 화장실로 간다. 나는 양치질 하는 그에게 소설을 보여주고, 머리를 감는 동안에는 유튜브를 실행한다.

　　늘 7시가 되면 집을 나선다. 하루를 시작하며 카카오톡으로 메시지를 보낸다. "오늘도 힘내서 좋은 하루 보내자, 사랑해"로 끝나는 그의 메시지. 그는 아내와 떨어져 살고 있다. 아내는 울산에 거주하고 그는 서울에 거주한다. 바로 주말부부다.

　　12시를 알리는 회사의 종소리. 이제 오후의 시작인 점심시간이다. 14층 식당에서 밥을 빨리 먹고 한강으로 간다. 걷기 앱을 켜고 어제와 오늘 걸음 수를 확인한다. 오늘 1000보. 하루 목표인 1만 보를 채우려면 아직 멀었다.

3시, 다른 사람을 만나 회의하는 중이다. 회사 내에서는 타 부서 동료들과 자주 이야기를 한다. 주로 홍보 기사에 대한 협의다. 이렇게 사람들을 만날 때면 그는 나를 홀로 둔다. 잘 쳐다보지도 않는다. 가끔은 이시간이 좋다. 누구의 관심도 받지 않는 시간. 쉴 틈 없이 나를 만지는 그이지만 이 시간만큼은 나도 혼자만의 시간을 즐긴다.

무선 충전 거치대에서 바라보는 그는 모니터에 몰입해 있다. 쓰고 지우기를 반복하는 그의 손가락이 보인다. 표정을 보아 하니 오늘 또 자료 작성이 잘 안 되나 보다.

"6시." 고요한 사무실에 6시를 알리는 소리가 들린다. 내가 내는 소리가 아니다. 내 동료가 집에 가자고 보채는 소리다. 주변에서 정리하는 소리가 들린다. 오후 내내 배터리를 채웠다. 집까지 가는 길은 배가 고플 것 같지 않다.

고개를 넘는다. 2.5킬로미터 거리다. 그는 사람이 없는 오르막을 오르며 영상통화를 켠다. 8살이 되어 제법 소녀 같은 큰딸이 나를 통해 그의 망막에 맺힌다. 그리운 시간. 둘째 딸이 오늘 낮에 보았던 곤충에 대해 말한다. 긴 영상통화를 마치고 남은 거리는 책을 보여주며 집까지 그와 함께한다.

9시 30분을 알리는 알람 소리. 그가 나를 쥐고 JTBC 뉴스룸을 확인한다. 회사나 업계의 소식을 확인한다. 그가 하루를 마치는 순간이다. 그제야 나를 놓아둔다. 한쪽에 나를 던져둔다. 나도 이제 퇴근이다.

그에게 나는 일을 하는 도구지만, 가족과 연결해주는 매개체이기도 하다.

4. 그림이 그려지도록 구체적으로

부모는 아이들이 글쓰기의 눈을 내부가 아닌 외부로 돌릴 수 있도록 유도해야 합니다. 그렇게 하기 위해선 의견보다 사실을 더 많이 글로 쓰는 것이 좋습니다. 추상적이고 보편적인 내용보다 개별적이고 구체적인 내용을 다룹니다. 개별적이고 구체적인 내용을 쓰는 방법은 육하원칙, 고유명사, 숫자, 오감(색, 소리, 냄새, 맛, 촉감)을 빠뜨리지 않는 것입니다.

얼마 전 TV의 한 프로그램에서 대기과학자 조천호 박사가 보여준 장면입니다. 아나운서 전현무가 지구온난화를 화제로 꺼내며 "지구 온도 1도가 올라가는 것이 그렇게 위기인가, 와닿지 않을 때가 있어요. 하루에도 일교차가 몇십 도 올라갈 때가 있고 여름은 그렇게 덥고 겨울은 그렇게 추운데, 이런 환경에서 1도 올라가는 것이 대수롭지 않게 느껴지는데요"라며 "1도가 올라가면 무슨 일이 벌어지나요?"라고 물었습니다.

조 박사는 답변을 잠시 미루고 옆에 있던 가수 김종민에게 알사탕을 하나 건네주었죠. 김종민은 느닷없는 조 박사의 행동에 살짝 당황하는 기색이었지만 이내 알사탕을 입에 넣고 맛있게 먹었습니다. 잠시 뒤 조 박사는 김종민에게 알사탕을 깨뜨려 먹어보라고 말했어요. 그리고 조 박사는 김종민에게 이렇게 물었죠. "깨지니까 굉장히 쉽게 녹죠?"

김종민이 고개를 끄덕이자 조 박사는 이렇게 말을 이어갔습니다. "깨뜨리지 않은 사탕은 입안에서 천천히 녹는데 그것은 깨지지 않은 빙하와 같아요. 자연스럽게 녹기 때문에 과학자들이 그 속도를 예측하는 것이 가능하죠. 그런데 빙하에 금이 가고 깨진다면 어떻게 될까요? 깨진 빙하는 깨진 사탕처럼 엄청 빠르게 녹아버려요. 지금 과학계는 깨진 부분을 빼고 미래를 예측하는데, 극단적으로 이야기하면 금세기 말에 해수면이 1미터 상승할 수도 있어요."

이렇게 조 박사가 빙하를 사탕에 비유해 설명하자 주변의 모든 출연자가 격하게 공감하는 반응을 보였습니다. 출연자들이 지구온난화와 빙하를 모르지는 않지만, 빙하가 급속하게 녹는 것을 직접 본 적도 없고 그것이 눈앞에서 벌어지는 일은 아니기 때문에 체감하기는 어려웠을 것입니다.

그런데 입속에서 깨뜨린 사탕이 녹는 것은 누구나 경험했고 지금 체감하는 일이기 때문에 직감적으로 다가오게 됩니다. 조 박사가 전문용어를 써가며 학술적인 내용으로 이야기를 풀어갔다면 조 박사의 전문 지식에 감탄했을지는 모르지만, 출연자들의 이런 반응을 이끌어내긴 어려웠을 겁니다.

공감을 불러오는 변연계, 논리적인 신피질

글도 마찬가지입니다. 이렇게 독자의 머릿속에 그림이 잘 그려져야 설득력이 높아집니다. 우리의 뇌는 변연계와 신피질로 이뤄져 있는데, 변연계가 감성, 의지, 동기부여, 결정 등의 역할을 수행한다고 합니다. 그림이 잘 그려지는 글은 주로 변연계에 작용해 독자의 반응과 행동에 직접적인 영향을 미칩니다. '이해'라는 소극적 반응이 아니라 '공감' '동의'라는 적극적 반응을 만들어냅니다.

그림이 그려지지 않는 논리, 관념, 추상의 표현은 이성, 추론, 분석 등의 역할을 수행하는 신피질에 주로 작용하지요. 구체적 사실(빙하가 녹는다, 깨진 사탕이 녹는다)로부터 이론과 법칙(지구온난화)을 이끌어내기 위해 논리, 관념, 추상은 반드시 필요합니다. 그러나 그런 경우에도 구체적 사실을 예시로 들 때 설득력이 높아집니다.

2005년 미국의 '전미가족학교대학작문위원회'는 작문상 수상자로

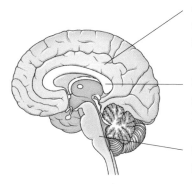

신피질
이성, 논리, 추론, 분석 등
논리적이고 분석적인 글을 쓸 때 작동

변연계(감정 뇌)
감정, 기억, 본능, 정서 등
그림이 그려지는 글을 쓸 때 작동

뇌간(생명 뇌)
호흡, 혈압, 맥박 등에 관여

뜻밖의 인물을 선정합니다. 전에는 주로 작가나 언론인이 수상자였는데 어느 경영자가 수상자로 뽑힌 거죠. 심사위원들은 이 수상자의 글에 대해 이렇게 평했습니다. "이 보고서는 격의 없으며 이해하기 쉬운 문체로 작문 기술 향상에 기여했다."

이 수상자는 세계적 투자가 워런 버핏(Warren Buffett)이었습니다. 버핏이 매해 투자자, 관료, 경제계 주요 인사들에게 보내는 「연례 보고서(Annual Report)」가 작문상을 받은 것이었습니다. 밥 케리(Bob Kerrey) 위원장은 이렇게 말했습니다. "워런 버핏은 가장 적절한 단어로 복잡한 아이디어를 단순명료하게 설명하는 빼어난 재주를 지녔다. 어떤 연례 보고서도 버핏이 쓴 것만큼 미국의 재계와 금융계에 큰 영향을 끼치지는 못했다."

버핏은 수상 소감에서 이렇게 말합니다. "오랫동안 떨어져 살아온 여동생들에게 설명하듯이 연례 보고서를 썼을 뿐입니다." '오랫동안 떨어'졌다는 것은 정보를 거의 공유하지 않았기 때문에 공감과 이해의 바탕이 거의 없다는 의미입니다. '여동생'이란 의미는 높은 수준의 교육을 받고 전문적인 활동을 하는 사람이기보다 평범한 가정주부를 뜻할 가능성이 큽니다. 연례 보고서를 이해하기 어려운 조건의 독자들도 무난히 읽을 수 있도록 썼다는 비유죠.

어려운 논문이나 전문 서적은 그 분야의 전문가들이 주로 읽기 때문에 추상적이고 관념적인 표현을 써도 무난히 소통됩니다. 심지어 삼성전자 반도체사업부의 엔지니어들은 코딩 페이퍼만 갖고도 서로 업무적 소통이 가능합니다. 대중의 인정보다 동료집단의 인정이 더 중요하기 때문에 전달력을 그렇게 신경 쓰지 않습니다.

그러나 전문적 내용이라고 해도 버핏처럼 표현할 수 있다면 동료들이 더욱더 수월하게 이해하고 정확하게 전달될 것입니다. 일반인도 이해할 수 있는 수준까지 표현할 수 있다면 글을 쓴 사람의 영향력은 동료집단이나 전문가 세계를 넘어 많은 대중들에게까지 미칠 것입니다. 요즘 과학자, 엔지니어, 의사, 법조인, 경영인들 가운데 대중에게 큰 사랑과 지지를 받는 사람이 많은데, 그것은 바로 전달력 높은 말과 글 때문입니다.

내면에 집중하는 아이, 관찰하는 아이

아이들이 일기, 독후감, 감상문 등을 쓸 때 대체로 두 가지 흐름이 나타납니다. 내면의 생각과 느낌에 치중하는 아이가 있는가 하면, 외부의 관찰과 조사를 주로 다루는 아이가 있습니다. 프랑스의 소설가 미셸 투르니에(Michel Tournier)는 『외면일기』라는 책에서 이렇게 충고합니다.

나는 어떤 학교의 어린이들에게 이렇게 말한다. "매일 큼지막한 공책에다가 글을 몇 줄씩 쓰십시오. 각자의 정신상태를 나타내는 내면의 일기가 아니라, 그 반대로 사람들, 동물들, 사물들 같은 외적인 세계 쪽으로 눈을 돌린 일기를 써보세요. 그러면 날이 갈수록 여러분은 글을 더 잘, 더 쉽게 쓸 수 있게 될 뿐만 아니라 특히 아주 풍성한 기록의 수확을 얻게 될 것입니다. 왜냐하면 여러분의 눈과 귀는 매일매일 알아 깨우친 갖가지 형태의 비정형의 잡동사니 속에서 글로 표현할 수 있는 것을 골라내어서 거두어들일 수 있게 될 것이기 때문입니다. 위대한 사진작가가 하나의 사진이 될 수 있는 장면을 포착하여 사각의 틀 속에 분리시켜 넣게 되듯이 말입니다."

부모는 아이들 글쓰기의 눈을 내부가 아닌 외부로 돌릴 수 있도록 유도해야 합니다. 그렇게 하기 위해선 의견보다 사실을 더 많이 글로 쓰는 것이 좋습니다. 추상적이고 보편적인 내용보다 개별적이고 구체적인 내용을 다룹니다. 개별적이고 구체적인 내용을 쓰는 방법은 육하원칙, 고유명사, 숫자, 오감(색, 소리, 냄새, 맛, 촉감)을 빠뜨리지 않는 것입니다. 어떤 사건을 보거나 듣고 전달하는 방식이 아니라 지금 눈앞에서 그 사건이 벌어지고 있는 것처럼 재현하는 방식으로 표현합니다.

예를 들어보겠습니다.

선생님은 어린 시절 자연 풍경을 담은 그림을 자주 그렸다고 합니다.

➡ 선생님은 어린 시절 매일같이 크레파스를 손에 들고 도화지 위에 산과 들과 나무와 풀 그림을 그렸습니다.

오늘 아침을 먹고 친구들과 놀았다.

➡ 오늘 아침 8시, 고등어구이 반찬에 밥을 먹었는데 너무 맛있었다. 친구 영호를 아파트 놀이터에서 10시에 만나 닌텐도 게임기로 슈퍼마리오 게임을 했다.

그림이 그려지는 구체적 글쓰기

다음 예문에 육하원칙, 고유명사, 숫자, 오감(색이나 모양, 소리, 냄새, 맛, 감촉)의 내용을 추가해 다시 써보세요.

나는 학교 단짝 친구를 만나 햄버거 가게에서 햄버거와 음료수를 마셨다. 햄버거는 내가 아주 좋아하는 맛이었고 음료수 역시 마찬가지였다. 가게 안엔 냄새가 기분 좋게 풍겨왔고 요즘 가장 유행하는 아이돌 그룹의 노래가 흘러나왔다. 친구와 주말에 서울의 어느 거리로 놀러 갈 계획을 짜고 있을 때, 가게 밖에서 쿵 하는 소리가 들려 왔다. 친구와 나는 창문 앞으로 다가갔다. 사거리에서 차 두 대가 충돌했다. 두 차 때문에 사거리를 빠져나가지 못한 차들이 경적을 마구 울려댔다. 친구와 나는 다시 자리에 돌아와 햄버거와 음료수를 마시며 계속 이야기를 나누었다.

▶ 나는 학교 단짝 친구 수지를 오후 한 시에 만나 왕관햄버거 가게에서 불고기버거와 오렌지주스를 마셨다. 햄버거는 머스터드 소스가 달콤했고 주황색 오렌지주스도 상큼했다. 가게 안엔 햄버거집 특유의 고소한 냄새가 가득했다. 벽에 걸린 공모양 스피커에선 요즘 가장 유행하는 아이돌그룹 BTS의 〈다이너마이트〉가 흘러나왔다. 수지와 주말에 요즘 핫한 익선동으로 놀러갈 계획을 짜고 있는데 가게 밖에서 쿵하고 부딪히는 소리가 났다. 수지와 창가로 가 살펴보니 사거리에서 흰색 소나타 승용차와 검은색 모범택시가 충돌했다. 다행히 큰 사고가 아니었는지 운전자들이 차 밖으로 나와 말다툼을 벌이고 있었다. 두 차 때문에 사거리를 빠져나가지 못한 차들이 십여 대 줄지어 섰고 차들은 빵빵거리며 경적을 울려댔다. 수지와 나는 구경을 마치고 다시 자리로 돌아와 이미 식어 푸석한 햄버거를 주스와 마시며 한 시간 더 이야기를 나누었다.

5. 읽는 사람을 생각하며 쓰자

아이나 부모가 자기중심적 글쓰기에서 벗어나는 방법은 자신의 글을 다른 사람에게 자꾸 보여주는 것입니다. 이런 행위는 단지 글쓰기에만 국한되는 문제가 아니에요. 아이들이 다른 사람들에게 자기 글이 어떻게 비쳐질까 헤아리게 되면 다른 사람을 배려하는 마음, 다른 사람의 생각과 처지를 공감하는 마음이 길러집니다. 자연스럽게 역지사지의 태도가 될 수밖에 없습니다.

어느 식당이나 호텔에서 아주 편안하고 흡족한 서비스를 받았다면 그 까닭은 무엇일까요? 주인이 손님 입장에서 모든 것을 고려했기 때문입니다. 음식, 매너, 식기, 테이블, 실내장식, 음악, 조명, 침대, 욕실 등. 손님의 욕구와 취향을 예측하고 거기에 이 모든 것을 맞춘 것이지요.

글도 마찬가지입니다. 독자에게 긍정적인 반응을 불러일으켰다면 작가가 독자의 요구와 취향을 예측하고 거기에 모든 것을 맞춘 겁니다. 제목, 소재, 내용, 인물, 구성, 어휘, 문장, 표현, 톤 등.

아이의 성장 단계처럼 발전하는 글쓰기

글을 쓸 때 첫 번째로 고려해야 할 원칙은 이렇게 독자 입장에서 내용과 형식을 생각하고 독자 입장에서 문장, 어휘, 표현을 고르는 것입니다. 이것은 지극히 당연하지만 말처럼 간단한 문제가 아닙니다. 독자 중심의 글쓰기라는 대원칙 아래 세밀하게 따져 봐야 할 여러 가지 이슈가 따라옵니다.

먼저 독자 입장에서 글을 쓰는 것이 어려운 이유부터 살펴보겠습니다. 글쓰기 경험이 많지 않은 아이들은 자기중심의 글을 쓸 가능성이 큽니다. 사람의 정신적 성장 과정을 보면 유아기엔 자신과 세계를 따로 떼어놓고 사고하지 못한다고 합니다. 주체와 객체의 거리가 사라지고 주관에 온전히 매몰된 상태에 놓입니다. 헤겔의 표현을 빌자면 '즉자적 태도'라고 하죠.

유아기를 벗어나면 자신과 세계를 분리하고 자신마저도 외부의 대상처럼 바라볼 수 있게 됩니다. 주체가 객체를 바라보고 판단할 뿐만 아니라 주체 자신에 대해서도 객관화가 가능해집니다. 이를 '대자적 태도'라고 하죠. 사람은 즉자적 태도에서 대자적 태도로 전환하고 대자적 태도를 더욱 강화하는 방향으로 성장하는 것이 일반적입니다.

아이들의 글쓰기도 정신적 발단 단계와 비슷한 경로를 밟습니다. 아동기 아이들은 글쓰기도 마찬가지로 아동기 상태에 머물러 있습니다. 자신과 글을 분리해 대상화하지 못하는 즉자적 태도를 갖고 있기 때문에 자신의 글이 독자에게 어떻게 읽혀질 것인가를 거의 생각하지 않죠.

아이들은 글에 대한 평가와 비판을 받게 되면 자기 자신과 존재에 대한 평가와 비판으로 받아들이기 때문에 정서적으로 심각한 부담을 느끼게 됩니다. 평가와 비판이 부정적일 경우 커다란 감정적 상처마저 남기기도 합니다. 정도의 차이는 있겠지만 어른인 부모도 마찬가지입니다.

아이나 부모가 이런 즉자적 태도에서 벗어나는 방법은 자신의 글을 다른 사람에게 자꾸 보여주는 것입니다. 이런 행위는 단지 글쓰기에만 국한되는 문제가 아니에요. 아이들이 다른 사람들에게 자신의 글이 어떻게 비쳐질까 헤아리게 되면 다른 사람을 배려하는 마음, 다른 사람의 생각과 처지를 공감하는 마음이 길러집니다. 자연스럽게 역지사지의 태도가 될 수밖에 없습니다.

다른 사람에게 글을 보여주는 것을 가족 안에서 먼저 시도해보면 좋겠습니다. 부모가 한 편의 글을 써 가족 '단톡방'에 올립니다. 그런 다음 아이들도 글을 써 가족 단톡방에 올리도록 설득해보는 겁니다. 진지한 글쓰기가 부담된다면 '삼행시 짓기'처럼 놀이로 시작해도 좋습니다. 아이들이 글을 올리면 그 사실만으로도 칭찬과 격려를 아끼지 않아야 합니다.

가족 블로그를 운영하는 것도 좋은 방법입니다. 거기에 가족들이 돌아가면서 한 편씩 글을 올리면 어떨까요? 독자의 많고 적음과 상관없이 자신의 글을 누군가 읽는다는 사실을 염두에 두는 것만으로도 부모와 아이의 글쓰기는 부쩍 성장하게 됩니다.

'카메라 마사지' 효과라는 말이 있습니다. 연예인들이 갓 데뷔했을 때는 어딘지 모르게 덜 다듬어진 인상을 받습니다. 한두 해가 지나고 나면 그 연예인의 외모와 표정이 완벽하게 달라집니다. 외모는 흠잡을 데 없고 표정도 빈틈없습니다. 그 사이 무슨 일이 있던 것일까요? 연예인들은 TV에 비친 자신의 외모와 행동을 모니터합니다. 이를 통해 시청자에게 어떻게 보여야 하는지 끊임없이 자신을 개선해나가게 되지요.

글쓰기로 말하자면 발표하는 매체가 TV 역할을 하는 것입니다. 독자의 반응을 거울 삼아 자신의 글이 독자들에게 어떻게 비치는지 반응을 살피고 거기에 조응하는 방향으로 자신의 글을 개선해나가는 것입니다. 누군가 자신의 글을 읽고 반응한다는 사실이 처음엔 쑥스러울 수 있지만 시간이 지날수록 기쁨으로 바뀝니다. 이 기쁨을 느껴봐야 드디어 독자 중심 글쓰기의 첫발을 내딛게 되죠.

상대의 마음을 읽는 리터러시

요즘 많은 사람들이 리터러시의 중요성을 언급하고 있습니다. 리터러시는 '문해력'이란 이름으로 해석돼 텍스트를 쓰고 텍스트를 해독하는 능력으로 좁게 해석되고 있습니다. 그러나 진정한 리터러시는 상대의 마음을 읽는 것입니다.

독자 중심의 글쓰기야말로 아이들의 리터러시를 키우는 가장 좋은

말 잘 하는 아이, 글 잘 쓰는 아이

방법입니다. 숲 체험 프로그램 가운데 아이들이 말과 소리로 눈을 가린 부모를 목적지까지 안내하는 놀이가 있습니다. 부모가 아이들을 데리고 다니며 길을 안내하고 위험에 빠지지 않도록 주의를 주는 평소의 역할을 바꿔보는 것입니다.

글로도 이런 놀이를 할 수 있습니다. 가족 여행을 다녀온 후 아이가 자신을 가이드라 생각하고 여행객에게 여행지를 안내하고 소개하는 글을 써보도록 하는 것입니다. 혹은 어떻게 아침 밥상을 차리는지, 어떻게 회사를 다녀오는지 부모의 생활을 아이들이 취재해 글로 써보는 것입니다. 아이가 엄마나 아빠를 화자 삼아 자신의 생활을 글로 써보는 것도 재밌겠죠.

역지사지, 독자 중심의 글쓰기는 자신의 언어만 고집하는 것이 아니라 상대의 언어를 흔쾌히 받아들이는 것입니다. 상대의 언어를 배척하지 말고 그것을 이용해 사고의 전환을 일으키도록 도와주는 것입니다.

붓다가 깨달음을 얻은 이후 보리수 아래 머물고 있는데 한 바라문이 베다(Veda: 브라만교 경전)의 구절을 흥얼거리며 거만하게 다가왔습니다. 바라문은 당시 주류 종교인 바라문교의 성직자로 지배계급이었습니다. 그 당시 바라문교의 한계를 극복하기 위해 새로운 수행의 길에 나선 사람들을 사문이라 불렀습니다. 붓다 역시 사문의 한 사람이었습니다. 바라문이 "어떤 사람이 바라문이고, 바라문은 어떤 특징을 갖고 있습니까?"라고 질문하자 붓다가 답합니다.

스스로 나쁜 일을 멀리하고, 신분을 우쭐대는 콧노래를 부르지 않으며, 번뇌에서 벗어나 스스로를 다스릴 수 있는 사람, 그가 바라문입니다. 깨끗한 삶을 살며 베다를 깊이 공부하는 사람, 그가 바라문입니다. 그런 바라문은 어디를 가도 비난받지 않습니다.

사문인 붓다에게 바라문에 대해 묻는 것은 붓다를 조롱하거나 사문을 멸시하려는 의도가 다분히 깔려 있습니다. 붓다는 '나는 바라문이 아니라 사문이기 때문에 해줄 말이 없다'고 말하지 않고 바라문의 입장에서 바라문의 기준을 이야기함으로써 깨달음을 주려고 합니다. 사문으로서는 완전한 진리라 볼 수 없는 베다이지만 그것을 깊이 공부하라는 말도 인상적입니다.

상대 중심의 말하기와 글쓰기

나중에야 알게 된 사실이지만 글쓰기 강사로 제가 기회를 많이 얻을 수 있었던 것은 철저한 수강생 중심의 관점 때문이었습니다. 처음 강의를 맡았을 때 강의 경험도, 준비된 콘텐츠도 없는 상황이었습니다. 마땅히 도움을 요청할 사람도 찾을 수 없었습니다. 항해도 하나 없이 어떻게든 혼자 배를 몰고 망망대해로 나아가야 하는 상황이었어요.

막막한 가운데서도 희미한 불빛처럼 한 가지 떠올린 것은 수강생들의 실질적 고민을 풀어주자는 것이었습니다. 하루 종일 고된 일과를 마치고 저녁밥도 제대로 먹지 못하고 딱딱한 의자에 앉아 제 강의를 듣고 있을 직장인들의 얼굴을 생각하니 저절로 그런 마음이 들었습니다.

저는 수강생의 글쓰기 문제엔 도움이 되지 않으면서 저를 뽐내기 위해 소용되는 지식이나 경험을 거의 말하지 않았습니다. 수강생들에게 어쨌든 글을 쓰게 하고 한 주 뒤 그걸 깨알같이 첨삭해 돌려주는, 강의와 별개의 고된 작업을 자청한 것도 그런 실사구시 때문이었습니다.

제 부족한 말솜씨와 재미없음에도 불구하고 저는 강사 생활 시작 단계부터 대기업, 공공기관의 강의요청을 많이 받았습니다. 제 강의를 들은 수강생들이 자기 회사에 저를 추천한 덕분입니다. 거기에 힘입어 저는 3년 뒤 전업강사로 나섰고 7년이 넘는 지금까지 일 년에 200회 넘는 강의를 하고 있습니다. 그때 만난 수강생들은 제가 유능한 강사라서 추천한 것이 아니라 자신들의 문제를 풀어주려는 제 노력을 높이 사준 것입니다.

강사 생활 10년이 넘는 동안 첨삭 작업은 제 글쓰기 강의의 가장 중요한 특징이 됐습니다. 제 강의 콘텐츠의 대부분은 수강생들의 문제를 풀어주는 과정에서 만들어졌습니다. 수강생이 난이도가 높거나 이제껏 시도해보지 않은 도전적 과제를 제게 상의해오면 저는 땅속에 묻힌 금을 캐러 가는 사람처럼 신이 나기도 했습니다.

강사 생활은 성취 못지않게 애로점도 있습니다. 강의 주제가 대부분 업무용 글쓰기라 비슷한 내용을 반복하고 또 되풀이해야 했습니다. 지금까지 1,000번도 넘게 비슷한 내용을 수강생들에게 설명하고 있고 앞으로도 당분간 그럴 것 같습니다.

전업강사로 강의한 지 3년쯤 지나자 일이 지겹고 싫증이 났습니다. 앞으로도 계속 그러리라 생각하니 두렵기도 했습니다. 어떤 교수는 저와 비슷한 상황에서 그 지겨움을 견디지 못하고 교수직을 내던졌다는 이야기도 들려왔습니다.

그때 몇 년 전 도법 스님과 함께했던 기억이 떠올랐습니다. 도법 스님은 우리나라 곳곳의 갈등 현장을 찾아다니고 여러 곳의 절과 성당에서 법문을 하며 화해와 평화의 메시지를 전했습니다. 몇 차례 스님을 따라다니면서 들어보니 말씀하시는 '레퍼토리'가 거의 비슷했습니다.

그런데 제가 놀란 것은 스님이 같은 말을 되풀이하면서도 오늘 처음 그 사실을 세상에 알리는 것처럼 사람들에게 들려주고 있다는 점이었습니다. 어떤 내용을 처음 말할 때만 나타나게 되는 열정과 진정성, 자기 충만감과 희열이 넘쳐났습니다.

제가 그 까닭이 궁금해 스님께 여쭤봤더니, 이런 대답을 해주셨습니다. "사람들이 고통받는 문제를 푸는 게 절실한 거지, 내가 무슨 말을 하느냐가 뭐가 중해." 스님은 당신 말의 중심을 스스로가 아니라 듣는 사람에게 둔 것입니다.

스님과의 기억을 떠올리자 스님 같은 마음 자세를 갖자고 의도적으로 노력을 기울였습니다. 얼마 지나지 않아 굳이 의도를 갖지 않아도 저절로 됐습니다. 싫증과 지겨움이 사라졌습니다. 상대방을 위하는 마음을 가졌는데 신기하게 제 문제가 풀렸습니다.

독자 중심 글쓰기 첫걸음

누군가 독자를 염두에 두는 것만으로도 날로 발전하는 글쓰기

가족 블로그 운영
- 가족이 글을 쓸 수 있는 블로그 등 공간을 만든다.
- 가족이 돌아가며 분량이나 소재를 개의치 않고 글을 올린다.
- 글을 읽은 가족은 글에 대한 비판보다 아낌없는 칭찬을 한다.

상대방을 화자로 삼는 생활 글쓰기

부모와 아이가 상대방을 화자로 삼아 상대방의 생활을 글로 써보세요. 엄마, 아빠
는 아이의 입장에서 학교생활을, 아이는 엄마, 아빠의 입장에서 회사나 가사 생활
을 취재해 글을 써보세요.

6. 글의 구성—
시작, 중간, 마무리

아이들에게 일단 글을 써보라고 합니다. 그런 다음 글에서 아이들과 함께 독자가 가장 관심을 끌 만한 부분을 찾아 시작을 만듭니다. 시작이 결정되고 나면 그것을 뒷받침하는 근거를 찾아 배열합니다. 근거가 부족할 때는 새로운 근거를 함께 만들어봅니다. 마무리엔 어떤 메시지가 들어가는 것이 좋을지 같이 고민하고 결정합니다.

10여 년 국어 공부에도 두려운 글쓰기

우리는 대체로 풍부한 어휘력, 능숙한 문장, 멋진 표현, 정확한 문법으로 글을 쓰면 좋은 글이라 생각합니다. 우리가 초등학교부터 고등학교까지 국어 시간에 배웠던 대부분의 학습 내용이 이런 것들입니다. 글을 잘 쓰기 위해 국어사전이나 문장독본을 외워야 한다고 주장하는 사람도 있고 문법을 통달하기 위해 법전만큼 두꺼운 문법책을 독파해야 한다고 외치는 사람도 있습니다.

그래서 오랜 시간 어휘, 문장, 표현, 문법을 배웠지만 글쓰기에 어려움을 느끼는 사람들이 대부분입니다. 짧은 글 한 편을 완성하는 것도 힘겨워합니다. 도대체 우리가 국어 시간에 배운 것들은 모두 어디로 사라진 것일까요?

저는 부모들이 아이들의 글에서 어휘, 문장, 표현, 문법을 지적하는 것은 별로 좋지 않다고 봅니다. 위의 네 가지 요소를 잘 알기 위해 아이에게 별도의 노력을 기울일 것을 요구한다면 긍정적 영향보다 부정적 영향이 더 클 것입니다.

그것들을 강조하면 글쓰기의 세계로 들어가는 입구의 문턱은 점점 높아집니다. 그 결과 아이들은 그 세계로 들어가는 것을 일찌감치 포기하고 맙니다. 부모도 마찬가지입니다. 어휘, 문장, 표현, 문법 등을 열심히 공부하는 사람일수록 글쓰기에 대한 지식과 안목은 높아지는 데 반해 글에서 그것을 실현하기 어렵다는 사실을 깨닫게 되고 결국 글쓰기로부터 멀어집니다.

어휘력, 문장력, 표현력, 맞춤법은 글을 쓰기 위해 미리 갖춰야 할 조건이 아닙니다. 그것들을 갖춰야 글을 잘 쓰는 것이 아니라 글을 열심히 쓰다 보면 저절로 향상되는 요소입니다. 큰 장마가 진 다음 개울에 나가 보면 온통 흙탕물이 흘러갑니다. 흙탕물은 계속 흐르면서 뿌예지고 더 시간이 지나면 맑게 바뀝니다. 글쓰기의 흐름에 스스로를 맡기면 어느새 어휘력, 문장력, 표현력, 맞춤법을 제대로 갖춘 글을 쓰고 있는 자신을 발견하게 됩니다.

이것들은 한 편의 글을 만드는 기본 요소들입니다. 당연히 필요한 것입니다. 이런 요소들이 충실하게 담겨 있다면 글을 잘 썼다는 평가를 받을 수도 있습니다. 그렇지만 글쓰기의 본질과 목적을 생각할 때 그것만으로는 부족합니다.

마음을 움직이는 글쓰기

우리는 왜 글을 쓸까요? 여러 가지 대답이 나올 수 있겠지만 결국 '사람의 마음을 움직이기 위해서'라는 한마디로 모아집니다. 글과 말 자체가 그런 쓰임으로 태어났으니 그것을 벗어날 수 없습니다.

오로지 나를 위해 글을 쓰는 경우에도 마찬가지입니다. 내가 세상과 완벽하게 동떨어져 살아가는 존재가 아니기 때문에 나만을 위한 글도 다른 사람과의 관계가 전제되고 그 관계를 좀 더 나은 것으로 만들고자 하는 의지가 담기게 됩니다. 즉 사람의 마음을 움직이기 위해 나를 변화시키는 글쓰기라 할 수 있습니다.

한 편의 글로 사람의 마음을 움직이려면 어떻게 해야 할까요? 결국 내가 글을 통해 전하려고 하는 내용이 중요한데, 문제는 이것을 어떻게 설계할 것인가입니다. 한마디로 구성을 알아야 합니다. 내가 글을 통해 전하려고 하는 내용을 독자가 수용할 수 있도록, 나아가 공감과 동의의 반응을 이끌어낼 수 있도록 내용과 형식을 결정하는 것이죠.

아이들이 배워야 할 가장 중요한 글쓰기 가르침이 바로 구성입니다. 구성은 글을 계속 쓰도록 만드는 기술입니다. 구성과 글쓰기는 어떻게 연결되는 것일까요?

부모와 아이들 모두 글을 쓸 때 겪는 공통된 어려움은 '무엇을 쓰지? 어떻게 쓰지?'입니다. 글을 쓰려고 백지나 컴퓨터 앞에 앉으면 머릿속이 하얘지는 이유가 이 때문입니다.

글은 말과 달리 머릿속에서 생각한 것을 대부분 표현하는 것이 아니라 글로 옮길 가치가 있는 것만 골라내야 합니다. 써야 할 내용과 쓰지 말아야 할 내용을 구분하고 그것을 일정한 기준에 따라 배열해야 합니다. 그런데 그 선택과 배열의 기준을 알지 못하기 때문에 우리의 글쓰기는 앞으로 나아가지 못합니다. 선택과 배열의 기준이 바로 구성입니다.

글의 설계도, 구성

우리는 집을 지을 때 설계도에 따라 짓습니다. 집은 그 안에 거주하거나 활동할 사람들의 필요와 욕구를 반영해야 하고 건축자재의 무게나 속성에 따른 역학 관계를 고려해야 합니다. 그것을 반영해 만든 것이 설계도입니다.

설계도엔 어떤 자재를 쓸지, 그 자재를 어느 위치, 어느 공간에 배치할지에 관한, 결정 사항이 적혀 있습니다. 이 자재는 지붕으로 올리고 이 자재로는 기둥을 세우고 이 자재는 벽체로 써야겠다고 결정하는 겁니다. 이것이 없다면 기왓장을 창문으로 보내거나 벽돌을 지붕으로 보내는 어처구니없는 실수를 할 수밖에 없습니다.

글도 마찬가지입니다. 독자가 이 글을 통해 알거나 느끼고 싶은 필요와 욕구를 반영해야 하고 글감의 적절성과 조화 여부를 따져 내용의 선별과 배열 순서를 결정해야 합니다. 이렇게 구성이 잘 짜인 글이라면 기본 요소가 부족해도 사람의 마음을 움직일 수 있습니다. 그렇지만 구성이 치밀하지 못하면 기본 요소가 아무리 탁월해도 공허할 수밖에 없습니다.

중국 고사에 조삼모사라는 사자성어가 있습니다. 잔꾀를 부려 상대방을 현혹시킨다는 의미로 쓰이고 있습니다. 송나라 때 저공은 자신이 키우던 원숭이가 너무 많이 늘어나자 준비한 먹이가 부족해지는 상황이 됐습니다. 원숭이들에게 먹이를 아침에 세 개를 주고 저녁에 네 개를 주겠다고 알렸습니다. 원숭이들은 화를 내며 반발했습니다. 저공은 다시 아침에 네 개를, 저녁에 세 개를 주겠다고 바꿔 말했습니다. 그제야 원숭이들은 저공의 제안을 받아들이고 잠잠해졌습니다.

저공은 원숭이들에게 줄 도토리의 총량을 더이상 늘릴 수 없는 조건에서 놀라운 전략을 구사해 그들의 동의를 이끌어냈습니다. 어차피 원숭이가 받는 것은 일곱 개인데 이게 무슨 의미가 있느냐고 반문할 수 있습니다. 그렇지만 세상사는 대체로 도토리의 총량을 늘릴 수 없는 상황에 처할 때가 많습니다. 도토리의 총량보다 그것을 어떻게 전달하느냐가 더 결정적인 이슈가 될 수 있겠지요.

구성이라고 말하니 다소 생소하게 느낄 수도 있지만, 부모들이 학교에 다닐 때 모두 이것을 배웠습니다. 3단 구성은 서론, 본론, 결론. 4단 구성은 기, 승, 전, 결. 5단 구성은 발단, 전개, 위기, 절정, 결말. 아이들도 중학생쯤 되면 이 구성을 배울 것입니다.

문제는 부모나 아이가 이 구성을 글쓰기에 활용하지 않는다는 점입니다. 예문을 보여주고 "다음 예문은 구성의 어느 부분에 해당하는가?"는 국어 시험에 단골로 출제되는 문제입니다. 안타깝게도 우리 교육은 답을 맞히기 위한 국어교육의 한계를 넘지 못하고 있습니다. 구성은 글을 제대로 쓰기 위해 배우는 것임에도 말이죠.

학교 때 배운 구성의 원리를 들어 글쓰기를 위한 구성 사용법을 알아보겠습니다. 3단, 4단, 5단으로 나뉘어 있지만 이것은 하나의 구성 원리를 3개의 버전으로 표현한 것입니다. 글은 시작하고(서, 기, 발단) 중간을 이어가고(본, 승-전, 전개-위기-절정) 마무리(결, 결, 결말)를 짓습니다. 중간을 하나로 보느냐 두세 개로 보느냐에 따라 각각 이름이 다를 뿐입니다.

여기서 중요한 것은 시작, 중간, 마무리가 한 편의 글 속에서 각각 맡는 역할과 특징을 아는 것입니다. 지붕, 기둥, 벽체의 역할과 특징을 알아야 거기에 맞는 자재를 선택하듯 시작, 중간, 마무리의 역할과 특징을 알아야 그에 맞는 글의 내용을 선택할 수 있습니다.

이것을 정확하게 안다면 글을 어떻게 시작하지, 어떻게 이어가지, 어떻게 마무리하지,라며 막연히 고민하지 않아도 되죠. 아이들에게 글쓰기를 지도할 때도 분명한 기준을 알려줄 수 있습니다. 그렇다면 시작, 중간, 마무리의 역할과 특징을 하나하나 살펴보겠습니다.

피레미(FiReMe) 구성법

글쓰기의 '시작'은 한마디로 낚시(Fishing)입니다. 독자의 관심과 흥미를 낚아채는 것이 시작에서 할 일입니다. 왜 그렇게 해야 하는지, 우리의 신문 읽는 습관에 비유해보겠습니다.

신문에 실린 여러 가지 기사 가운데 하나를 골라 볼 때 뭘 보고 선택하나요? 제목을 보고 선택합니다. 그렇게 기사를 읽어 내려가다 30초쯤 되면 갈등이 생깁니다. 끝까지 읽어야 하나, 말아야 하나. 어떤 글은 끝까지 읽고 어떤 글은 앞부분만 읽고 맙니다.

이 갈림길을 결정하는 요소는 무엇일까요? 바로 중요성과 흥미입니다. 독자는 '시작'에서 읽은 내용이 자신에게 필요하거나 중요하다고 여겨질 때, 재밌고 흥미롭다고 느낄 때 끝까지 읽습니다. 한마디로 '시작'엔 독자를 끌어당기는 '임팩트'가 있어야 합니다.

미디어 학자들이 독자의 열독 습관을 분석한 결과, 독자들은 기사에서 30초 안에 중요성이나 흥미를 느껴야 3분 동안 집중할 수 있고 그래야 30분 동안 관심을 유지할 수 있습니다. 이를 '30-3-30 법칙'이라 합니다.

독자에게 3분 동안 집중 받고 30분 동안 관심을 얻기 위해 우리는 최초의 30초 안에 독자를 사로잡아야 합니다. 이 글을 끝까지 읽어야 할 근거를 만들어야 하는 것이죠. 그래서 한가하게 글을 시작할 수 없습니다. '시작'에서 독자의 선택을 받지 못한다면 중간과 마무리에 아무리 대단한 내용을 적어놨다고 해도 부질없는 짓입니다.

'중간'은 근거(Reasoning)를 제시하는 단계입니다. 요즘 인터넷 언론 가운데는 제목으로 독자를 낚는 어뷰징(Abusing) 기사가 있습니다. 이런 기사는 독자를 낚는 데는 성공하지만 근거를 제시하지 못해 신뢰를 주지 못합니다. 독자에게 관심과 흥미를 유도한 뒤 근거가 없으면, 그 글은 '양치기 소년'처럼 신뢰할 수 없는 글이 됩니다.

글의 대부분을 차지하는 중간은 대개 서너 개의 근거로 채워집니다. 근거는 사례, 사실, 경험, 인용, 비유, 통계, 논리 등 다양한 것들이 올 수 있습니다. 각자 글에서 하는 역할이 다릅니다.

사례는 사람들에게 구체적 사실로부터 보편적 원리를 이끌어냅니다. 사실과 통계는 주장하는 내용의 신뢰성을 보장합니다. 글을 쓴 사람의 경험을 말하면 진정성이 높아집니다. 인용은 글의 권위를 만들고, 비유는 사람들이 쉽게 그 내용을 받아들이게 만드는 수용성을 높입니다. 논리는 이성적 설득력을 높이고 심층적으로 생각하는 효과를 나타냅니다. 한 편의 글에 하나가 아니라 여러 종류의 근거를 제시해야 마음을 움직이는 힘이 더 커집니다.

'마무리'는 글의 내용을 그냥 정리하는 것이 아닙니다. 글을 끝내면서 한 번 더 도약하는 것입니다. 스키점프에 비유하면 좋습니다. 저는 스키를 탄 사람이 내리막길 주로를 미끄러져 내려오다가 끝나는 지점에서 하늘로 붕 떠올랐다 멋있게 착지하는 장면을 볼 때마다 '글도 저렇게 멋지게 마무리를 해야 하는데'라는 생각을 떠올립니다.

마무리는 글을 읽은 독자에게 생각의 변화, 행동의 변화를 줄 수 있는 메시지(Message)를 전달해야 합니다. 메시지는 해결방안이나 대안 제시, 요구나 요청처럼 직접적인 전달 방식과 의견이나 의지, 비유나 인용처럼 간접적인 전달 방식이 있습니다. 질문을 던져 독자에게 스스로 메시지를 답하도록 하는 방식도 있습니다. 여운을 남기거나 생략을 할 수 있지만, 그것 역시 묵시적으로 메시지를 던지는 것입니다.

이 구성법은 각 부분의 이니셜을 따서 '피레미(FiReMe)'라 부릅니다. 글의 '시작'에서 독자의 관심과 흥미를 유도하고 근거를 제시하며 중간을 이어가고 마무리에서 메시지를 던져야 좋은 글이 만들어집니다.

그러나 아이들에게 처음부터 피레미 방식으로 글을 쓰라고 하는 것은 금물입니다. 가뜩이나 글쓰기에 부담을 갖고 있는 아이들에게 어떤 틀에 맞추라고 하면 더 힘들어 할 것입니다.

아이들에게 일단 글을 써보라고 합니다. 그런 다음 글에서 아이들과 함께 시작이 될 만한 부분을 찾아봅니다. 시작이 결정되고 나면 그것을 뒷받침하는 근거를 찾아 배열합니다. 근거가 부족할 때는 새로운 근거를 함께 만들어봅니다. 마무리엔 어떤 메시지가 들어가는 것이 좋을지 같이 고민하고 결정합니다. 피레미 방식으로 아이와 함께 글을 쓰면 글쓰기는 재밌는 블록 놀이가 됩니다.

구성법의 종류

3단 구성	서론 – 본론 – 결론
4단 구성	기 – 승 – 전 – 결
5단 구성	발단 – 전개 – 위기 – 절정 – 결말

아이와 함께하는 피레미(FiReMe) 구성법

시작(Fishing)	관심과 흥미 유발: '30 – 3 – 30 법칙'에 따른 글쓰기
중간(Reasoning)	근거 제시: 사례, 사실, 경험, 인용, 비유, 통계, 논리를 통한 설득의 글쓰기
마무리(Message)	메시지 전달: 독자의 사고 전환, 행동의 변화를 가져올 해결방안이나 대안제시, 의견, 인용 등

피레미(FiReMe) 구성법

다음 글에서 시작(Fishing), 중간(Reasoning), 마무리(Message)를 찾아보고 그에 따라 글의 순서를 바꿔보세요.

① 200만 반려묘 시대, 고양이 실종 사건이 한 해 3만 건이 넘는다고 합니다.

② 2014년 동물등록제가 시행된 후 반려견은 의무적으로 등록하도록 했습니다.

③ 지금까진 강아지에 한정했는데, 올 2월부터 고양이도 해당됩니다.

④ 집사 여러분, 혹시 소중한 고양이를 잃어버리면 어떻게 할까, 걱정되시죠?

⑤ 이제 고양이를 잃어버려도 바로 찾을 수 있는 좋은 방법이 있답니다.

⑥ 전국 시군구청이 지정한 등록대행 동물병원에서 고양이를 등록하면 됩니다.

⑦ 반려묘 등록에 적극 참여해주세요.

⑧ 그래도 잘 모르겠으면 동물보호관리시스템 누리집을 검색해보세요.

⑨ 반려묘 등록방법은 내장형 칩을 이식하는 것만으로 가능합니다.

→ 시작

④ 집사 여러분, 혹시 소중한 고양이를 잃어버리면 어떻게 할까, 걱정되시죠?

⑤ 이제 고양이를 잃어버려도 바로 찾을 수 있는 좋은 방법이 있답니다.

중간(중간 안에서는 순서가 조금 바뀌어도 괜찮음)

① 200만 반려묘 시대, 고양이 실종 사건이 한 해 3만 건이 넘는다고 합니다.

⑥ 전국 시군구청이 지정한 등록대행 동물병원에서 고양이를 등록하면
　됩니다.
⑧ 그래도 잘 모르겠으면 동물보호관리시스템 누리집을 검색해보세요.
⑨ 반려묘 등록방법은 내장형 칩을 이식하는 것만으로 가능합니다.
② 2014년 동물등록제가 시행된 후 반려견은 의무적으로 등록하도록 했
　습니다.
③ 지금까진 강아지에 한정했는데, 올 2월부터 고양이도 해당됩니다.

마무리
⑦ 반려묘 등록에 적극 참여해주세요.

5장

말과 글이 만드는
새로운 삶의 기회

1. 소크라테스는 꼭 독배를 마셔야 했을까?

주장의 정당성 못지않게 수용을 위한 노력, 즉 전달 방식을 고민해야 합니다. 설득력을 갖춘 전달 전략이 없다면 주장의 정당성은 인정받지 못하고 무시되거나 반대로 폭력성을 띠게 될 위험마저 있습니다. 특히 아이들의 글쓰기에선 '보고 느낀 것을 솔직하게 전달하라'고만 강조할 것이 아니라 말이나 글을 다듬고 꾸며서 아름답고 설득력 있게 전달하는 구성과 표현, 즉 수사(Rhetoric)도 강조해야 합니다.

소크라테스는 고대 그리스 아테네의 철학자입니다. 그는 시인 멜레토스 등의 고발로 감옥에 갇히고 사형을 언도받아 생을 마감합니다. 우리가 소크라테스에 대해 알고 있는 대강의 상식은 이렇습니다. 우리는 소크라테스가 죄가 없음에도 초연하게 독배를 마셨던 신념과 기개를 거룩하게 생각하고 그의 죽음을 안타까워합니다.

그러나 소크라테스의 죽음은 불가피한 것이었을까요? 플라톤이 쓴 책 『변론』을 보면 소크라테스의 행동에서 좀처럼 이해할 수 없는 부분을 발견하게 됩니다. 소크라테스는 독배를 회피할 수 있었음에도 불구하고 스스로 죽음의 길로 걸어 들어가지 않았는가 하는 의문입니다.

소크라테스의 변론

소크라테스는 배심원과 아테네 시민들에게 자신이 죄가 없음을 주장하는 온갖 근거와 이유를 제시합니다. 당연히 살기 위한 것이었습니다. 그렇게 하기 위해선 배심원의 마음을 얻어야 했지요. 그러나 뒤로 가면 갈수록 소크라테스는 살기 위해 변론한 것일까, 죽기 위해 변론한 것일까, 아리송해집니다.

그는 먼저 자신의 변론 원칙을 명확하게 정합니다. 자신은 진실을 말하는 사람이지 말하는 데 능란한 사람이 아니라고 못을 박습니다. 소크라테스의 말을 직접 들어보겠습니다. "미사여구로 멋들어지게 꾸미거나 질서 있게 배열한 말이 아니라, 그저 단어가 떠오르는 대로 두서없이 하는 말을 나한테서 듣게 될 겁니다. 내가 말하는 것들이 정의롭다고 믿으니까 그렇게 하는 겁니다."

소크라테스의 혐의는 크게 두 가지입니다. "소크라테스는 땅 아래의 일들과 하늘의 일을 탐구하고 더 약한 논변을 더 강하게 만들며, 다른 사람들에게 바로 이것들을 가르침으로써 불의를 행하고 주제넘은 일을 하고 있다." "소크라테스는 젊은이들을 망치고, 국가가 믿는

신들을 믿지 않고 다른 새로운 신령스러운 것들을 믿음으로써 불의를 행하고 있다."

소크라테스는 자신을 고발한 것은 자기에 대한 미움과 비방의 결과라고 항변합니다. 스스로 지혜롭다고 자처하지만, 소크라테스가 보기에 그렇지 않은 사람들에게 자신의 실상을 보게 했기 때문에 미움을 샀다는 것입니다. 특히 예언자, 신탁 전달자, 시인, 수공 기술자의 무지를 소크라테스가 드러내고 지적했는데 미움과 비방이 어찌나 가혹하고 지독했는지 그 자신도 고통스럽고 무서웠다고 고백합니다.

하지만 소크라테스는 그것이 소중한 일이기 때문에 결코 멈출 수 없었다고 말합니다. 소크라테스는 아테네를 "크고 혈통은 좋지만 큰 덩치 때문에 꽤 굼뜬" 말이라고 비유하고 자신은 그 말을 일깨우는 '등에' 같은 존재라고 자임합니다. 소크라테스는 등에의 소임을 다하기 위해 자신은 물론 집안일도 돌보지 않았고 그 결과로 가난해졌는데, 이 가난이야말로 자신의 진실을 입증하는 증인이라고 내세웁니다.

소크라테스는 동정을 사기 위해 가족과 친구들을 올라오게 해 눈물을 펑펑 쏟으면서 재판관들에게 간청하고 탄원하는 일을 하지 않았다고 말합니다. 그것은 국가 전체의 명성에 아름답지 못한 일이며 국가를 웃음거리로 만드는 사람에게 배심원과 시민이 유죄 표를 던지게 될 공산이 훨씬 크기 때문이라는 거지요. 소크라테스는 재판관에게 간청해 죄를 벗는 것은 정의롭지 않으며, 오히려 가르치며 설득하는 것이 정의롭다고 주장합니다. 자신은 앞서 말한 '등에'의 역할을 하고 있음을 상기시키며 첫 번째 연설을 마칩니다.

첫 번째 연설에 나타난 소크라테스의 전략은 분명합니다. 진실한 내용과 설득력 있는 전달 방식 가운데 후자를 처음부터 제외합니다. 진실을 드러냈기 때문에 진실을 수용하는 것은 재판관과 배심원의 몫일 뿐, 진실이 수용되기 위해 재판관과 배심원의 감정에 호소하거나 질서 있게 내용을 전달하는 노력은 필요하지 않다는 것입니다.

배심원의 투표 결과는 280대 220으로 유죄가 더 많이 나옵니다. 소크라테스의 변론은 내용의 진실성 여부와 별개로 현실에서 실패하고 말았습니다. 유죄와 무죄의 표 차이가 불과 60표(12퍼센트). 소크라테스는 큰 표차를 예상했는데 의외로 근소한 표차이고, 30표만 바뀌었어도 죄를 벗을 수 있었겠다고 말합니다. 그의 말에서 최악의 결과를 피하게 된 안도감과 함께, 무죄 판결도 가능했다는 일말의 아쉬움이 진하게 묻어납니다.

소크라테스는 형량을 결정하는 두 번째 연설에서 다시 시험대에 오릅니다. 결과를 전혀 예측할 수 없었던 첫 번째 연설과 달리 소크라테스의 노력에 따라 유죄와 무죄의 결과가 뒤바뀔 수 있는 상황이었습니다. 그러나 소크라테스는 두 번째 연설도 첫 번째와 마찬가지 자세로 임합니다. 배심원 판결의 부당성을 성토하며, 오히려 시 중앙 청사에서 식사를 대접받는 것이 자신에게 합당한 형량이라고 주장합니다.

소크라테스는 이런 발언이 배심원들에게 어떻게 비칠지 아주 잘 알고 있었습니다. "여러분에게는 어쩌면 내가 이런 말을 할 때도 동정과 애원에 관해서 말할 때 그랬듯이 제멋에 겨워 말하는 것처럼 보일 수도 있겠네요. 하지만 실제로 나는 인간들 중 어느 누구에게도 고의로 불의를 행하고 있지는 않다고 확신합니다. 하지만 이것에 대해 여러분을 설득하지는 못하고 있습니다."

소크라테스는 두 번째 연설에서 '설득력 있는 전달 방식'의 반대편으로 더 멀리 가버리고 맙니다. 그 결과는 360대 140으로 표차 220표(44퍼센트). 마침내 사형이 확정됩니다. 소크라테스는 마지막 연설에서 자신이 사형 판결을 받게 된 이유를 이렇게 말합니다.

말들이 궁해서가 아니라 대담함과 몰염치가 궁해서, 즉 여러분이 들으면 가장 달콤해 할 그런 말들을 여러분에게 할 의향이 궁해서죠. 통곡도 하고 비판도 하면서 그리고 내가 주장하는 바로는 나답지 않은 다른 많은 일들과 말들을 하면서 말이에요……. 오히려 저런 식으로 사느니보다 차라리 이런 식으로 항변하고 죽는 쪽을 택하겠습니다.

어찌 보면 소크라테스는 처음부터 죽음을 향해 뚜벅뚜벅 걸어가고 있었는지 모릅니다. 죽음을 통해 자신에게 끈덕지게 달라붙은 미움과 비방으로부터 자유로워질 수 있었을 것입니다. 그는 죽음을 통해 아테네 시민의 무지를 일깨우는 '등에'의 역할을 하는 것으로 자신의 삶을 마무리할 수 있었을 것입니다.

소크라테스는 왜 배심원의 마음을 얻지 못했을까?

그러나 저는 이런 생각을 했습니다. 소크라테스가 눈물을 펑펑 쏟으면서 재판관들에게 간청하고 탄원하는 일, 미사여구로 멋들어지게 꾸미는 일을 하기는 어려웠겠지만, 질서 있게 말을 배열하는 일은 전혀 다른 차원이지 않았을까요? '단어가 떠오르는 대로 두서없이' 말하지 말고 '설득력 있는 전달 방식'으로 노력을 더 했더라면 적어도 '사형'은 면하지 않았을까요?

이렇게 소크라테스의 사례를 곱씹어 보는 것은 삶과 소통의 문제를 바라보는 데 큰 시사점을 던져주기 때문입니다. 소크라테스는 자기 생각이 타당하고 정당하기에 전달 방식을 무시하고 자기주장만 반복하다 독배를 마셨다고 할 수 있습니다. 물론 소크라테스의 선택이 역사적, 철학적으로 큰 가치와 의미가 있는 것은 충분히 인정할 만한 일입니다.

소크라테스가 의도한 것은 아니었겠지만, 이것은 주장이 타당하고 정당하다면 전달 방식은 어떻게 되든 상관없다는 편향을 만듭니다. 문학, 역사, 철학의 많은 고전에서 이런 편향을 자주 발견하게 됩니다. 이는 전달 방식, 수용 여부를 무시하고 주장의 정당성만 강조하는 독선과 강요로 이어지기도 합니다.

주장의 정당성 못지않게 수용을 위한 노력, 즉 전달 방식을 고민해야 합니다. 설득력을 갖춘 전달 전략이 없다면 주장의 정당성은 인정받지 못하고 무시되거나 반대로 폭력성을 띠게 될 위험마저 있습니다. 특히 아이들의 글쓰기에선 '보고 느낀 것을 솔직하게 전달하라'고만 강조할 것이 아니라 말이나 글을 다듬고 꾸며서 아름답고 설득력 있게 전달하는 구성과 표현, 즉 수사(Rhetoric)도 강조해야 합니다.

5장 말과 글이 만드는 새로운 삶의 기회

2. 스티브 잡스 축사를 통해 배우는 말하기, 글쓰기

제가 글쓰기 강좌에서 즐겨 쓰는 스티브 잡스의 2005년 스탠퍼드 대학교 졸업식 축사 "항상 갈망하라, 우직하게 나아가라(Stay hungry, Stay foolish)"는 스티브 잡스가 자기 삶을 되돌아보며 길어낸 삶의 통찰을 청중들에게 감동적으로 전하고 있습니다. 인생의 연결점, 사랑과 상실, 죽음이라는 세 개의 키워드로 자기 인생을 나누고 거기에 해당하는 에피소드와 메시지를 범주화했습니다. 청중들에게 흥미로운 이야기를 전달하면서도 메시지가 명료하게 드러나게 만드는 놀라운 구성의 글입니다.

이 글을 꼼꼼하게 들여다보겠습니다.

항상 갈망하라, 우직하게 나아가라
(Stay Hungry, Stay Foolish)

세상에서 가장 훌륭한 대학 중 하나로 꼽히는 이곳에서 여러분의 졸업식에 함께하게 돼 매우 영광입니다. 솔직히 말하면, 저는 대학을 졸업하지 못했습니다. 오늘 이 자리만큼 대학 졸업식을 가까이서 보는 것도 처음이네요. 오늘은 제 삶에 대한 세 가지 이야기를 들려드릴까 합니다.[1] 대단한 건 아니고, 딱 세 가지만 이야기하겠습니다.

1. 글의 시작은 낚시(Fishing)입니다. 스티브 잡스는 대학을 졸업하지 못했다는 사실을 연설의 첫머리에서 밝힙니다. 세계적 명문 스탠포드대학교 졸업식 축사의 연사가 대학 중퇴자라니! 대학 중퇴자가 졸업식 축사를 하게 된 이유를 청중들은 궁금해할 것입니다. 그 궁금증이 풀릴 때까지 청중들은 축사에 집중할 수밖에 없습니다.

   잡스는 아울러 자신의 인생에 대한 세 가지 이야기를 전하겠다며 앞으로 전개될 내용의 개요를 미리 밝힙니다. 축사 첫 문단은 몇 문장에 불과하지만 전략적으로 잘 설계된 내용의 짜임을 보여주고 있습니다.

   아이들이 글을 쓰고 나면 글 전체에서 어떤 내용과 표현이 독자의 관심과 흥미를 끌 수 있을지 함께 찾아보면 좋겠습니다.

첫째, 인생의 연결점에 관한 이야기입니다.

저는 리드대학에 입학한 지 6개월 만에 자퇴했습니다. 그 후 1년 6개월 정도는 대학 주변에 머물며 청강을 하고 지내다가 결국 그만두었습니다. 왜 제가 자퇴를 했을까요?[2]

2. 내용을 전개하는 방식은 크게 두 가지입니다. 첫째, 어떤 일이 벌어지는 순서대로, 시간의 순서대로 내용을 배열하는 것입니다. 이것을 스토리(Story)라고 합니다. 고대소설, 전래설화가 대표적입니다. 이 방식으로 글을 쓰면 작가는 편합니다. 그러나 독자는 불편합니다. 지루하고, 논점이 무엇인지 알기 어렵습니다.

둘째, 독자가 궁금해할 만한 순서대로, 중요한 순서대로 내용을 배열하는 것입니다. 이것을 플롯(Plot)이라고 합니다. 현대소설, 드라마, 영화가 대표적입니다. 이 방식으로 글을 쓰면 독자는 쉽게 몰입되고 핵심을 재빨리 파악할 수 있습니다.

스티브 잡스는 시간의 순서를 왜곡해 가장 흥미와 관심을 끌 수 있는 자퇴 이야기부터 꺼내 들었습니다. 독자의 관심은 이제 잡스가 왜 자퇴를 했는지에 대한 궁금증을 해소하는 데로 모아집니다. 이런 플롯 방식은 이 연설문 전체에 걸쳐 나타납니다.

아이들이 처음부터 플롯 방식으로 글을 쓰기는 쉽지 않습니다. 일단 스토리 방식으로 쓴 뒤 가장 흥미로운 부분, 가장 중요한 부분을 찾아 맨 앞으로 끄집어내는 것입니다. 그렇게 하면 자연스럽게 부연과 근거가 다음 내용으로 따라올 것입니다.

이야기는 제가 태어나기 전으로 거슬러 올라갑니다. 제 친어머니는 대학원에 다니던 젊은 미혼모였고, 저를 입양 보내기로 결정했습니다. 친어머니는 저의 장래를 위해 반드시 대학을 나온 부모에게 입양되길 바랐습니다.

그런 이유로 저는 태어나자마자 어느 변호사 가정에 입양되기로 정해져 있었죠. 하지만 제가 태어났을 때, 그들은 여자아이를 원한다고 마음을 바꾸었습니다. 그래서 대기자 명단에 있던 양부모님은 한밤중에 걸려온 전화를 받게 됐습니다.[3]

---

3. 글을 쓴 사람이 직접 경험하지 않은 내용을 전할 때 두 가지 방식을 사용합니다. 첫째는 전달의 방식입니다. '~ 입양되기로 정해져 있었다고 합니다.' 둘째는 재현의 방식입니다. '~ 입양되기로 정해져 있었죠.'

전달의 방식은 기사나 법조문처럼 어떤 내용을 전달한 주체가 누구인지를 명료하게 밝혀야 할 때 유용합니다. 그 밖엔 재현의 방식으로 쓰는 것이 좋습니다. 그래야 생생함과 구체성을 살릴 수 있습니다.

아이들이 직접 경험한 일이 아니라도 마치 그 일이 지금 눈앞에서 벌어지고 있는 것처럼 글을 쓰거나 말을 하는 연습을 해보면 재밌을 겁니다.

"예기치 못한 남자아이가 태어났는데, 그 아이를 입양하시겠습니까?"

"물론이죠."[4]

---

4. 단발적 대화가 아니라면 간접 인용 방식보다 큰따옴표를 사용해 대사로 처리하는 것이 좋습니다. 앞서 재현의 방식으로 생생함과 구체성을 살릴 수 있다고 말했는데, 대사야말로 가장 대표적인 재현의 방식입니다.

지문을 쓰지 않고 대화만으로 상황을 표현하는 연습을 부모와 아이가 함께하면 어떨까요? 카카오톡이나 메신저를 활용하면 즐거운 놀이가 될 것입니다.

그러나 양어머니는 대학을 졸업하지 못했고 양아버지는 고등학교조차 졸업하지 못했다는 사실을 친어머니는 나중에 알게 됐죠. 그래서 친어머니는 최종 입양서류에 사인을 거부했어요. 몇 달 후, 친어머니는 양부모님에게 저를 대학까지 보내겠다고 약속을 받은 후에야 겨우 고집을 꺾었습니다. 이것이 제 인생의 시작이었습니다.

17년 후, 저는 대학에 입학했습니다. 그러나 저는 순진하게도 스탠퍼드만큼이나 등록금이 비싼 학교를 선택했고, 노동자이셨던 양부모님이 평생 모아둔 돈이 모두 제 학비로 들어갔습니다.

6개월 후, 대학 생활이 저에게 그만한 가치가 없다는 것을 느꼈습니다. 그 당시 저는 제가 인생에서 진정으로 원하는 게 무엇인지, 또 대학 생활이 그것을 알아내는 데 얼마나 도움이 될지 알 수 없었습니다. 그러면서도 저는 대학엘 다니며 부모님이 평생 모아둔 돈을 평평 쓰고 있었습니다.

저는 모든 일이 다 잘될 거라고 믿으며 자퇴를 결심했습니다. 그 당시엔 몹시 두렵고 겁이 났지만, 돌이켜보면 제 인생 최고의 결정 중 하나였던 것 같습니다. 자퇴를 결정한 이후 평소에 흥미가 없었던 필수과목을 듣는 대신 흥미로운 강의들을 찾아 듣기 시작했습니다.

그 생활은 그다지 낭만적이진 않았습니다. 기숙사에서 머물 수 없었기 때문에 친구 집 방바닥에서 자기도 했고, 5센트짜리 코카콜라 병을 팔아 끼니를 때우기도 했습니다. 매주 일요일 밤마다 그나마 괜찮은 음식을 먹기 위해 11킬로미터를 걸어서 하레크리슈나 사원에 가기도 했습니다. 정말 맛있었어요.[5]

---

5. 글의 구체성을 높여야 독자가 쉽게 그 내용을 받아들일 수 있습니다. 구체성을 높이는 방법은 대략 네 가지입니다. 육하원칙, 고유명사, 숫자, 오감(시각, 청각, 후각, 미각, 촉각)의 표현. 잡스는 빈 음료수병이라 하지 않고 '5센트짜리 코카콜라 병'이라고 했습니다. 멀리가 아니라 '11킬로미터를 걸어갔습니다'라고 표현합니다.
아이들이 글을 다 쓰고 난 뒤 위에서 말한 네 가지를 채우도록 지도해주세요. 그리고 전과 후를 비교해보세요. 초점이 흔들려 뿌연 사진 같던 글이 초점이 제대로 맞춰져 선명해진 사진처럼 바뀔 것입니다.

오로지 제 호기심과 직관에 따라 저질렀던 많은 일들이 훗날 더없

이 소중한 인생 경험이 됐습니다. 한 가지 예를 들어보겠습니다.[6]

---

6. 글에서 자기 경험을 사례로 들면 진정성이 높아집니다. 유명한 사람의 말과 글을 인용하면 권위와 신뢰도가 높아집니다.

그 당시 리드대학은 아마도 전국에서 최고의 서체 교육을 제공했을 겁니다. 교정 곳곳에 붙은 포스터와 서랍에 붙은 라벨은 모두 손으로 아름답게 쓴 서체들이었습니다. 자퇴를 한 상황인지라 정규과목을 들을 필요가 없어 서체에 대해 배워보기로 결심했습니다.

저는 세리프와 산세리프라는 서체를 배웠는데, 서로 다른 문자들이 결합할 때 생기는 여백이 얼마나 가지각색인지, 무엇이 문자의 레이아웃을 아름답게 만드는 것인지에 대해 배웠습니다. 그것은 과학이 창조할 수 없을 정도로 아름답고 역사적이었으며 예술적으로 미묘한 면이 있었기 때문에 저는 거기에 흠뻑 빠졌습니다.[7]

---

7. 문장의 리듬과 균형이 중요합니다. 짧은 문장과 긴 문장이 음악의 리듬처럼 변주돼야 지루하지 않고 매력을 느낍니다.

상황의 변화를 그려낼 때는 짧게, 느낌과 생각을 나타낼 때는 길게 문장을 쓰는 것이 좋습니다.

첫째 문장은 서체의 원리를, 둘째 문장은 그 매력을 여러 측면에서 표현하고 있습니다. 첫째와 둘째는 비슷한 문장 구조로 대칭을 이뤄 문단 전체의 균형을 이뤄내고 있습니다.

사실 이것들이 제 인생에서 실제로 어떻게 적용될지에 대한 기대는 하지 않았습니다. 그러나 10년 후, 처음으로 매킨토시 컴퓨터를 구상할 때, 그때의 기억들이 되살아났습니다. 우리는 그 기술들을 매킨토시 디자인에 쏟아부었고, 매킨토시는 아름다운 서체를 지원하는 최초의 컴퓨터가 되었죠.

만약 제가 서체 수업을 듣지 않았더라면, 매킨토시는 이토록 다양하고 균형 있는 서체를 갖지 못했을 것입니다. 많은 개인용 컴퓨터들이 운영체제로 삼고 있는 윈도즈가 매킨토시를 그대로 카피했기 때문에, 아마도 어떤 개인용 컴퓨터에서도 이런 기능을 찾아보기 힘들었을 것입니다. 만약 제가 대학을 자퇴하지 않았다면 서체 수업을 듣지 못했을 것이고, 개인용 컴퓨터는 지금과 같은 아름다운 서체를 갖추지 못했을지도 모릅니다.[8]

> 8. 입양 – 자퇴 – 서체 수업 – 매킨토시 개발. 개별적 사실을 그냥 나열하면 독자는 별다른 메시지를 발견하기 어렵습니다.
> 아이들의 글은 대체로 사실과 느낌의 나열로 이뤄질 가능성이 큽니다. 부모가 아이들의 글 속에 사실과 사실의 연관 고리를 알려주고 가치와 의미를 부여한다면 자신이 무심코 썼던 내용으로부터 소중한 메시지를 발견할 수 있습니다.

물론 대학 시절에는 앞을 내다보고 이런 인생의 점들을 연결해가는 일은 불가능했겠죠. 하지만 10년 뒤에 돌이켜보니 너무나 선명합니다.

다시 말하자면, 지금 여러분은 미래를 내다보고 점을 연결할 수 없습니다. 다만 현재와 과거의 사건들을 연결해볼 순 있겠지요. 그러므로 여러분들은 그 점들이 어떠한 방식으로든 미래로 꼭 이어진다는 것을 믿었으면 좋겠습니다.[9]

> 9. 이 마무리 부분이 이 글의 메시지입니다. 첫째 에피소드는 인생의 연결점을 들려주겠다고 독자에게 낚시(Fishing)를 던지고 인생의 연결점에 해당하는 에피소드(입양 – 자퇴 – 서체 수업 – 매킨토시 개발)을 근거(Reasoning)로 든 뒤, 마무리에서 메시지(Message)를 던지고 있습니다. 글 전체도, 각 에피소드도 Fishing – Reasoning – Message의 구성 패턴을 따르고 있습니다.

무언가를 믿으세요. 직감이든 운명이든 인생이든 업보든, 그 어떤 것이라노 좋습니다. 이런 방식은 저를 실망시키지 않았고, 제 삶의 모든 것을 바꿔놓았습니다.

둘째, 사랑과 상실에 관한 이야기입니다.

저는 운 좋게도 일찍이 제가 하고 싶은 일을 찾았습니다. 저와 워즈니악은 스무 살 때 부모님의 차고에서 애플을 시작했습니다. 열심히 일한 덕에 차고에서 단둘이서 시작했던 애플은 10년 뒤 4,000여 명이 넘는 종업원을 거느리는 200억 달러 규모의 기업으로 성장했습니다.[10] 우리는 최고 품질의 매킨토시를 출시했고 저는 바로 1년 후에 막 서른 살이 됐습니다. 그리고 전 해고당했습니다.[11]

10. 육하원칙, 고유명사, 숫자 표현이 눈에 뜨이죠?

11. 첫째 에피소드의 자퇴에 이어 해고로 둘째 에피소드를 시작합니다. 셋째는 죽음으로 시작합니다. 매 에피소드마다 독자에게 강력한 환기를 불러일으키기 위해, Fishing을 하기 위해 잡스는 가장 강렬한 내용을 던지고 있습니다.

어떻게 본인이 차린 회사에서 해고당할 수 있냐고요? 애플이 점점 성장하면서 함께 기업을 이끌어나갈 수 있는 유능한 경영자를 채용했습니다. 처음 일 년은 순조롭게 척척 잘해나갔죠. 그러나 미래를 보는 비전이 서로 어긋나기 시작했고, 결국 우리 둘 사이도 틀어졌습니다. 이사회는 그의 편에 섰고 저는 서른 살에 회사에서 쫓겨났습니다, 그것도 아주 공개적으로.[12]

12. 첫째 에피소드 '왜 제가 자퇴를 했을까요?'에 이어 두 번째 나온 의문문입니다. 이 두 의문문은 독자에게 무엇을 묻기 위한 것이 아닙니다. 이 역시 독자의 관심을 환기하기 위한 장치입니다.

문장의 99퍼센트 이상은 '다, 지, 요, 네'로 끝나는 평서문입니다. 평서문만으로 글이 전개되면 독자는 싱겁게, 지루하게 느낍니다. 평서문을 의문문으로 바꾸면 글의 탄력과 긴장이 높아집니다.

"이사회는 그의 편에 섰고 저는 서른 살에 회사에서 쫓겨났습니다, 그것도 아주 공개적으로." 이런 도치문도 의문문과 비슷한 효과를 냅니다.

아이들이 글을 퇴고할 때 두세 페이지에 한두 문장을 의문문이나 도치문으로 바꿔보도록 권해보세요.

저는 인생의 방향을 잃어버렸고, 엄청난 충격을 느꼈습니다. 몇 개월 동안 정말 아무것도 할 수 없었습니다. 이전 세대 기업가들에게 이어받은 바통을 떨어뜨린 것처럼 그들의 기대를 저버린 것에 대해 죄송스러운 마음이 들었습니다. 데이비드 패커드와 밥 노이스를 만나 상황을 이렇게까지 망쳐놓은 것에 대해 사과하기도 했습니다. 저는 대중의 눈에는 실패자였고 실리콘밸리에서 도망쳐버리고 싶었습니다.[13]

---

13. 미국, 유럽권의 글들은 이렇게 실명을 밝히는 것이 일반적입니다. 반면 우리나라의 글들은 대체로 실명을 꺼리고 '어느 선배 기업가'라고 익명으로 처리합니다. 신문기사나 르포, 회고록 등 사실을 기록한 글에서도 이런 차이는 두드러집니다.

우리나라 학계나 전문가 집단에선 심지어 실명 비판이 필요하다는 주장이 나올 만큼 익명으로 평가를 주고받습니다. 익명의 평가는 비겁하기도 하지만 평가받는 사람의 발전적 변화가 아닌 간접적 적대감만 불러일으킵니다.

두 문화권의 차이에서 비롯된 것이겠지만 익명보다 실명을 밝히는 것이 더 원활한 소통의 방법이며, 그런 사회가 더 자유롭고 민주적일 것입니다. 아이들에게 실명을 들어 소통하는 것의 중요성과 의미를 설명해주세요.

그러나 천천히 무언가를 깨닫기 시작했습니다. 아직도 제가 하는 일에 애착을 갖고 있었으며 애플에서 겪었던 사건들도 일에 대한 저의 애정을 추호도 꺾지 못했습니다. 비록 해고를 당했지만, 일을 사랑하는 마음은 여전했기 때문에 다시 시작하기로 결심했습니다.

당시에는 몰랐지만 애플에서 해고당한 일이 제 인생 최고의 사건임을 나중에야 깨닫게 됐습니다.[14] 성공이라는 중압감은 곧 초심으로 되돌아가 다시 시작할 수 있다는 가벼움으로 바뀌었고, 모든 일에 대해 덜 확신하는 태도를 갖게 됐습니다. 초심자의 가벼운 자세가 저를 자유롭게 했고, 제 인생 최고의 창의력을 발휘할 수 있는 시기로 들어가게 해주었습니다.

> 14. 감동적인 글, 흥미로운 글의 특징은 내용의 전환과 대비가 잘 이뤄져 있습니다. 이 대목은 잡스의 해고가 전화위복의 계기가 됐다는 사실을 표현하고 있습니다.
>
> 잡스는 해고로 인해 그동안 가졌던 사고와 가치가 바뀌었고 이 때문에 넥스트와 픽사를 창업하고 마침내 애플 복귀까지 성공합니다. 이런 전환으로부터 독자는 감동을 받습니다.
>
> 전혀 다른 두 가지 상황을 대비시켜 극적 효과를 불러올 수도 있습니다.

그 후 5년 동안, 저는 넥스트와 픽사라는 회사를 창업했고, 지금 제 아내가 된 그녀와 사랑에 빠졌습니다. 픽사는 세계 최초로 컴퓨터 애니메이션 영화인 〈토이 스토리〉를 제작했으며, 지금은 세계에서 가장 성공적인 애니메이션 제작사가 되었습니다.

주목할 만한 사건들이 진행되면서 애플이 넥스트를 인수하고 저는 다시 애플로 복귀했습니다. 넥스트에서 개발한 기술들은 현재 애플 부흥의 핵심이 되고 있습니다. 또한 저와 제 아내 로렌은 화목한 가정을 꾸렸습니다.

애플에서 해고당하지 않았더라면 이런 일들이 일어날 수 없었겠지요. 정말 쓰디쓴 약이었지만 환자에겐 그 약이 필요한 법입니다. 살아가다 보면 때때로 인생이 우리 뒤통수를 벽돌로 내리치는 일이 생깁니다.[15] 그렇더라도 신념을 잃지 마세요. 저를 앞으로 나아갈 수 있게 했던 유일한 힘은 제가 하는 일을 사랑한 것이라 확신합니다.

---

15. 쓰디쓴 약, 벽돌. 이런 비유를 쓰면 그렇지 않을 때보다 더 실감이 납니다. 아이들에게 비유로 표현하는 방법을 가르쳐주세요. 부모와 아이들이 비유 놀이를 하면 재밌습니다. 사물이나 상황을 하나 정하고 거기서 연상되는 비유를 돌아가며 이야기하는 겁니다.

여러분도 사랑하는 일을 찾아야 합니다. 사랑하는 연인을 위해 그러하듯 당신의 일에 대해서도 진실해야 합니다. 일은 삶에서 매우 큰 부분을 차지합니다. 일에 대한 진정한 만족을 느끼기 위해선 스스로 가치 있다고 믿는 일을 하는 것입니다.

훌륭한 일을 성취할 수 있는 단 한 가지 방법은 자신이 하는 일에 애착을 갖고 사랑하는 것입니다. 아직 그 일을 찾아내지 못했다면, 안주하지 말고 계속 찾아보기 바랍니다. 온 힘을 다해 그 일을 찾아낸다면 당신은 가슴으로 느끼게 될 것입니다. 좋은 관계가 그러하듯 여러분과 일의 관계도 세월이 지날수록 더욱더 깊어질 것입니다. 멈추지 말고 계속 찾아보세요.[16]

---

16. 이 부분이 둘째 에피소드의 마무리 부분 메시지입니다. 사실을 들어 근거를 제시하고 메시지를 통해 그것의 가치와 의미를 정리해줍니다.

셋째, 죽음에 관한 이야기입니다.

제가 열일곱 살 때 이런 문장을 읽었습니다. "하루하루를 마지막 날인 것처럼 살아간다면 언젠가는 꼭 성공할 것이다." 이 글에 깊이 감동한 저는 지난 33년간 매일 아침 거울 앞에 서서 스스로 제 자신에게 다음과 같이 묻곤 했습니다. "만일 오늘이 내 인생의 마지막 날이라면 오늘 내가 해야 하는 일을 할 것인가?" 그리고 "아니"라는 대답이 여러 날 동안 계속되면 변화가 필요할 때라는 것을 직감했습니다.[17]

---

17. 잡스는 열일곱 살 때로 돌아간 것처럼 재현의 방식으로 쓰고 있습니다. 대화와 인용 표시를 통해 직접 인용 방식을 활용하고 있습니다.

곧 죽는다는 사실을 기억하는 것은 인생에서 중요한 선택을 할 때 가장 필요한 도구입니다. 죽음 앞에선 외부의 기대나 자존심, 수치스러움이나 실패에 대한 두려움은 사라지고 가장 중요한 한 가지만 남기 때문입니다.

언젠간 죽는다는 사실을 기억하는 것은 무언가 잃을지도 모른다는 함정에서 벗어나는 가장 좋은 방법입니다. 여러분이 이미 발가벗겨진 상태라면 마음을 따라가지 못할 이유도 없습니다.

1년 전, 저는 암 진단을 받았습니다. 오전 7시 30분에 검사를 받았는데 췌장에 악성종양이 뚜렷하게 보였습니다. 저는 췌장이 무엇인지조차 몰랐습니다. 의사들은 치료할 방법이 없는 종류의 암이라며 3개월에서 6개월 정도밖에 살 수 없다고 통보했습니다. 의사는 집으로 돌아가 남은 일을 마무리하라고 조언했습니다.[18]

---

18. 셋째 에피소드는 죽음에 대한 잡스의 명언들로 가득 차 있습니다. 그런데 이런 명언들이 독자들의 마음을 움직이는 이유는 무엇일까요?

물론 명언의 내용이 훌륭한 것이 일차적 이유겠지요.

그러나 그것만으로는 부족합니다. 잡스가 열일곱 살부터 죽음을 생각했고 실제로 시한부 판정을 받고 죽음의 문턱까지 다가갔던 사람이란 사실이 더 결정적입니다.

커뮤니케이션 이론엔 '메시지보다 메신저'라는 말이 있습니다. 말의 내용보다 말의 주체가 더 중요하다는 뜻입니다. 말을 할 때는 메신저의 존재를 표현하지 않아도 자동으로 드러납니다. 글에서 자신이 겪은 경험과 사실을 이야기해야 메신저의 존재가 느러납니다.

아이들에게 자신의 경험이 다른 사람과 소통할 때 가장 설득력이 높은 콘텐츠란 사실을 잘 인식시키면 좋겠습니다.

죽음을 준비하라는 말이었죠. 그 뜻은 자식들에게 앞으로 10년 동안 해주고 싶었던 것들을 단 몇 개월 안에 마무리 지어야 한다는 말이었고, 가족들이 제 임종을 쉽게 받아들일 수 있게 확실히 정리하고 그들에게 작별 인사를 하라는 말이었습니다.

저는 하루 종일 진단을 받았습니다. 그날 저녁엔 조직검사를 받았는데 내시경을 식도로 집어넣었고 위를 지나 장까지 넣어서 췌장을 바늘로 찔러 종양에서 암세포를 채취했습니다. 저는 마취 상태였는데 제 곁에 있던 아내가 말해주길, 의사가 제 몸에서 떼어낸 암세포를 현미경으로 검사하더니 눈물을 글썽거렸다고 합니다. 세포를 분석한 결과 수술로 치료가 가능한 보기 드문 종류의 췌장암이었기 때문이었죠. 저는 수술을 받았고 지금은 멀쩡합니다.[19]

---

19. 글은 영화나 드라마처럼 몇 년, 몇십 년을 순식간에 지나가기도 하고 짧은 순간을 느리게 천천히 보여주기도 합니다. 내용에 따라 속도의 완급, 분량의 대소를 조절해야 매력적인 글이 됩니다.

이 대목은 영화의 한 장면처럼 아주 세밀하게 묘사하고 있습니다. 잡스의 암 진단 과정을 독자가 생생하게 느낄 수 있게 배려한 것입니다. 특히 의사가 현미경 검사 후 바로 결과를 말하지 않고 눈물을 글썽거린 뒤 이야기를 전하는 대목은 아주 인상적입니다.

글쓴이는 자신의 경험에 대해 결과까지 모두 알고 있습니다. 그러다 보니 결과에 이르기까지 과정을 쓰지 않고 결과를 바로 말해버리는 경우가 많습니다. 독자가 글쓴이의 경험을 추체험할 기회를 빼앗는 것입니다.

아이들이 별다른 생각 없이 글을 쓰면 결과 위주의 글이 나오게 됩니다. 아이들에게 결과가 나오기까지의 과정을 찬찬히 묻고 그 내용을 글로 써보게 유도하면 어떨까요.

그때만큼 죽음이 가깝게 다가왔던 적은 처음이었고 앞으로도 수십 년간은 이런 일이 없길 바랍니다. 이런 경험을 해봄으로써 순전히 머리로만 알고 있을 때보다는 죽음이 때로는 유용하다는 것을 확실하게 말할 수 있습니다.

누구도 죽음을 원치 않습니다. 천국에 가고 싶어 하는 사람이라 하더라도 죽는 것을 원하진 않죠. 하지만 죽음은 우리 모두가 함께하는 최종 목적지입니다. 누구도 죽음을 피해갈 순 없습니다. 그래야만 합니다.

'죽음'은 삶이 발명해낸 최고의 발명품이기 때문이죠.[20] 죽음은 삶을 변화시키는 존재입니다. 새로운 것을 받아들이는 길을 열어주기 위해 헌것을 치워버립니다. 여러분도 당장은 새것이지만, 오래지 않아 헌것이 되어 사라질 것입니다.

---

20. 죽음에 관한 최고의 명언이자 카피입니다. 좋은 글은 독자의 머릿속에 결코 잊지 못할 한 줄의 카피를 남깁니다.

너무 드라마틱하게 얘기해서 죄송하지만 엄연한 사실입니다. 여러분의 시간은 한정되어 있으니, 다른 사람의 삶을 사느라 시간을 허비하지 마세요. 다른 사람의 생각에 얽매이는 도그마에 빠져 살지 마세요. 시끄러운 타인의 목소리가 여러분의 내면에서 우러나오는 마음의 소리를 방해하지 못하게끔 하십시오.

가장 중요한 것은 자신의 마음과 직관을 따르는 용기를 갖는 것입니다. 그것들은 이미 당신이 무엇을 진정으로 원하는지 알고 있습니다. 다른 것들은 모두 부차적입니다.[21]

---

21. 이 부분이 셋째 에피소드의 마무리 부분 메시지입니다. 사실을 들어 근거를 제시하고 메시지를 통해 그것의 가치와 의미를 정리해줍니다.

5장 말과 글이 만드는 새로운 삶의 기회

제가 어렸을 때 『지구백과』라는 멋진 책이 있었는데, 저희 세대 때는 성경만큼 유명했던 책이지요. 여기서 그리 멀지 않은 먼로파크에 살고 있는 스튜어트 브랜드라는 사람이 쓴 책인데, 그는 자신만의 시적 감성으로 이 책에 생기를 불어넣었습니다.[22]

---

22. 여기서부터 이 글 전체의 마무리 부분 메시지입니다. 그런데 약간 뜬금없이 『지구백과』가 나왔군요. 그렇게 중요한 내용 같지 않아 보이는데, 『지구백과』는 과연 어떤 역할을 할까요?

개인용 컴퓨터나 전자출판이 생기기 이전인 1960년대 후반이었기 때문에, 타자기나 가위, 폴라로이드 카메라로 만들어진 책입니다. 구글이 나타나기 35년 전의 종이로 된 구글 같은 것이었지요. 그것은 이상주의적이고, 훌륭한 도구와 개념들이 가득 담겨 있었습니다.

스튜어트 브랜드와 그의 팀은 『지구백과』의 개정판을 몇 차례 더 냈고 책이 수명을 마감할 때쯤 마지막 자료를 내놓았습니다. 그때가 1970년대 중반이었고, 제가 여러분의 나이였을 때죠. 최종판 뒤표지에는 아침 시골길의 모습을 담아놓은 사진이 있었는데 모험심이 가득한 사람이라면 히치하이킹을 하고 싶을 만한 길이었어요.

그 밑에 이런 글이 적혀 있습니다. "항상 갈망하라. 우직하게 나아가라." 그것은 그들의 마지막 작별 인사였습니다. 항상 갈망하라. 우직하게 나아가라. 저는 제 자신이 늘 그러기를 바랐습니다. 그리고 지금, 새로운 출발을 앞두고 있는 그대들에게도 같은 소망을 빕니다.[23]

23. 만일 『지구백과』 이야기를 하지 않고 "항상 갈망하라. 우직하게 나아가라"라는 메시지를 내보냈다면 스탠포드대학교 졸업식 청중들은 어떤 반응을 보였을까요? 한마디로 "재수 없어!"라는 반응이 나왔을 것입니다.

잡스가 결코 평범하지 않은 자신의 인생 경험을 이야기하고 청중들에게 '당신들도 이런 삶을 살아라'라고 말하는 꼴이 되기 때문입니다.

이런 것을 '꼰대 메시지'라고 합니다. '꼰대 메시지'는 지당한 말씀을 지당한 방식으로 말하는 것입니다. 자신이 옳다고 생각하는 내용을 상대방의 수용 여부와 상관없이 일방적으로 강요하는 것입니다.

옳은 이야기일수록 상대방이 수용할 수 있게 전달의 전략을 고민해야 합니다. 잡스는 『지구백과』의 글귀를 인용함으로써 '꼰대 메시지'로 빠질 위험을 멋지게 피해갑니다. 청중과 독자는 메시지에 대한 거부감 없이 자연스럽게 받아들이게 됩니다. 인용뿐만 아니라 비유도 전달력을 높이는 아주 중요한 수단입니다.

이 대목은 부모가 아이들과 어떻게 소통해야 하는가, 큰 시사점을 던져줍니다. 부모들은 자신들이 옳다고 생각하는 이야기를 별다른 전달의 전략 없이 아이들에게 전합니다. 아이들에게 그저 잔소리로 들릴 뿐입니다. 부모가 아이들에게 할 이야기가 있을 때 인용과 비유의 전략을 떠올리면 좋겠습니다.

항상 갈망하십시오. 그리고 우직하게 나아가십시오. 감사합니다.

초등학생 학부모를 위한
말 잘하는 아이, 글 잘 쓰는 아이
ⓒ 백승권 2022

초판 발행   2022년 10월 25일

지은이   백승권
펴낸이   고진
편집   김정은
디자인   김진영 김민영
마케팅   이보민 양혜림 정지수

펴낸곳   (주)북루덴스
출판등록   2021년 3월 19일 제2021-000084호
주소   04043 서울시 마포구 양화로 12길 16-9(서교동 북앤빌딩)
전자우편   bookludens@naver.com
전화번호   02-3144-2706
팩스   02-3144-3121

ISBN 979-11-974349-6-9 13370